Du même auteur

Shaman, L'Aventure amérindienne
Tome VI - Le Tigre & le Jaguar
Mama Éditions, 2023

Shaman, L'Aventure amérindienne
Tome V - Les Cieux
Mama Éditions, 2023

Shaman, L'Aventure amérindienne
Tome IV - Le Chemin
Mama Éditions, 2023

Shaman, L'Aventure mongole
Tome III - L'Appel
Mama Éditions, 2022

Shaman, L'Aventure mongole
Tome II - La Vision
Mama Éditions, 2022

Jonathan et le secret des vignes
Flammarion, 1996, 2000

Le XXIe siècle sera-t-il psychédélique ?
Une anthologie
(Collectif) Georg, 1999

Poème
Revue Phréatique, 1994

Collection Les initiatiques
dirigée par Michka Seeliger-Chatelain

ISBN 978-2-84594-419-0

SHAMAN, L'AVENTURE MONGOLE
Tome I - La Quête

NOTE DE L'ÉDITEUR

Les rêves, soins, scènes et actions qui se situent dans un niveau de réalité autre que l'ici et maintenant du narrateur sont en *italique*.

Les noms des personnages, animaux, esprits, et les liens entre eux, sont détaillés dans l'annexe.

Les termes en langue étrangère en *italique* sont expliqués dans le glossaire.

Tigran

SHAMAN
L'AVENTURE MONGOLE

Tome I - La Quête

Préface de Claire Barré

MAMA ÉDITIONS

Préface

Tigran nous offre, avec ce conte inspiré et inspirant, une sublime plongée au cœur des mystères de la spiritualité mongole.

Comme je le lui avais écrit, juste après ma lecture : « Ce roman possède en lui la clarté pure du cristal de roche. »

Un cristal de roche, donc, orné d'*améthystes* – les visions –, d'*émeraudes* – les émotions –, de *rubis* – les passions –, de *saphirs* – les éclats de conscience.

Ce texte initiatique, poétique, amoureux, semble avoir été murmuré à l'oreille de Tigran par un vieil esprit des steppes...

Une canalisation ?

Les reliques d'une ancienne vie revenues à la surface de la mémoire ?

En dévorant ce récit, j'ai retrouvé le souvenir des paysages de Mongolie, cette terre qui paraît encore intacte, presque intouchée par l'être humain, rude aussi, propice à l'aventure et aux méditations.

Une terre qui recèle en elle de puissants guérisseurs aux racines solides et anciennes comme la mémoire des temps.

Munissez-vous d'un carnet et d'un stylo, si, comme moi, vous aimez récolter les phrases qui vous émeuvent ou vous éveillent : ce conte en est truffé.

Claire Barré

Aux esprits qui m’accompagnent,
ici et ailleurs.

Prologue

« Un jour, tu retrouveras ta vraie demeure.
Mais avant, même pendant ce voyage sur Terre,
il te faudra maintes fois mourir,
et maintes fois revenir.
Alors tu seras prêt,
et ton monde se révèlera. »

Message de Otharjanat,
reçu à la frontière de la Mongolie et de la Sibérie.

Foudre et tonnerre

Tsenek me regarde, stupéfait. La foudre m'a frôlé, et il sait. L'orage est passé, mais le vent souffle encore sur la steppe illuminée par le retour du soleil. Un éclair a frappé. Tsenek sait ce que cela signifie. La désignation. La guérison. La charge aussi. Et parfois le fardeau. J'ai du mal à cerner son expression tant il a les yeux écarquillés de me voir encore vivant, et non brûlé.

Je me sens à nouveau capable d'articuler.

— Comment... comment vas-tu, petit frère ?

Il me dévisage, éberlué.

— Comment te sens-tu *toi*, grand frère ? C'est toi qui as été frappé, pas moi !

J'avale ma salive. Nous n'étions pas frères, mais nous le sommes devenus. À force d'allers-retours entre la France et la Mongolie, j'ai fini par y passer plus de temps qu'à Paris. J'ai été pris. Par les chevaux, les espaces, la lumière. Jusqu'à la foudre, aujourd'hui. Qui confirme la transmission et les dires de la doyenne de la tribu, Otharjanat. L'éclair que les quelques cavaliers avec qui je chevauche depuis des mois espéraient toujours voir tomber sur moi, dubitatifs face aux dires de la vieille guérisseuse, pourtant connue et respectée comme le loup blanc à travers tout le pays.

Depuis plus de quinze ans, Otharjanat, ma grand-mère d'adoption, m'enseigne. Elle est chamane[1]. *Udgan*[2]. Dès le premier instant, elle m'a *vu*. Mais les années sont passées, sans initiation majeure. Moi, le Français de trente-cinq ans, un intercesseur qui s'ignorerait, un voyageur entre les mondes ?

Cérémonies au tambour, rituels, transes, visions... tout s'est enchaîné malgré moi à mesure que mes croyances s'écroulaient, et que ces mondes intemporels s'ouvraient. Comment savoir pendant tout ce temps si, au fond de moi-même, *j'étais* vraiment, comme il se doit, et non *devenais,* par la force du temps ? Au fil d'apprentissages et d'expériences

1. Homme ou femme qui voyage entre le monde ordinaire et le monde des esprits, rapporte depuis les dimensions invisibles des réponses et des énergies de réparation.

2. Chamane de sexe féminin.

répétées, j'ai attendu qu'un prodige se produise pour me le confirmer.

Quand aujourd'hui, dans un fracas illuminé, le tonnerre m'a embrassé. Comme pour couper court à toute interrogation, me dégager du passé, transpercer le doute.

Ce matin, je suis comme mort et ressuscité. Et d'un moment, suspendu, à la reprise du temps, tout m'est enfin apparu. Le bagage, l'héritage, les potentiels à venir... tout était déjà là. Sans quoi ces quinze dernières années n'auraient pas été.

« Alors, comment te sens-tu, grand frère ? »

— Je... je me sens comme vieux et bébé à la fois, Tsenek. Vieilli tout à coup, mais aussi régénéré.

— Hmm... Tu vas leur raconter, à ta famille, tes amis, une fois de retour chez toi ?

— Ça n'est plus chez moi, plus vraiment. Et ici, je ne sais pas si cela le sera un jour. Peut-être ma maison se trouve-t-elle quelque part entre les deux. Ou à l'intérieur, en moi... je ne sais pas. L'avenir le dira.

Tsenek me sourit puis tourne les talons. Sans un mot, il empoigne les rênes de son plus jeune cheval et, sans même se retourner, me tend celles de son aîné, Arzan. Il repart vers son troupeau de rennes, avançant au pas pour une fois, comme pour prolonger le moment, sans trop oser me le montrer.

Ma date de retour en Europe approche. Tsenek et les siens vont me manquer.

De l’autre côté de l’eau

Les plaines d’Asie centrale se succèdent comme autant d’étendues arides aux contours infinis. Les montagnes les surmontent, coiffées de neiges éternelles d’un blanc éblouissant, sur fond de ciel bleu vertigineux. Leurs cimes sont si hautes que, les nuits de pleine lune, elles semblent s’aventurer dans l’espace étoilé.

Surgissant entre les nuages, l’aigle royal plane et descend vers les steppes aux teintes minérales et végétales. Espace. Silence. Majesté des collines parsemées de sapins et de mélèzes, traversées de rivières serpentines lancées à la rencontre du fleuve Amour, qui de Sibérie les mènera jusqu’à l’océan Arctique. Entre deux lacs limpides aux reflets vert turquoise, des yacks traversent le plateau pour aller paître au loin, file indienne bien gardée par des cavaliers nomades et leurs chiens. Je respire profondément. Cri de l'aigle. Je frissonne malgré moi. Il va me falloir du temps avant de retourner au campement, tant mon corps tout entier est encore ébranlé par la foudre.

Je me sens puissant et ancré. Cependant, quelque chose d'autre tremble en moi. Comme un frémissement annonçant l'inconnu.

Mon cheval grège me regarde fixement. Une onde court le long de son encolure, alors que son œil sombre ne me lâche pas. Boule obscure, sphère luisante dans laquelle j'aperçois mon reflet. J'y parais minuscule et voûté, lové sous sa paupière cillée. Son œil semble grandir, sa courbe m'englobe. Impactées par la morsure de l'éclair, mes paupières s'affaissent et je bascule au fond de son regard animal...

*

Je m'éveille à moi-même, sans corps ou presque, dans un paysage sauvage, d'un calme ineffable. Je vois ma silhouette, mais je ne pèse rien. Partout, la sérénité brille, auréole toute chose. La nature m'enveloppe comme le cocon abrite la chenille en train de devenir papillon. Autour de moi, tout semble plus doux et plus vif à la fois que dans la réalité ordinaire : sensations nouvelles et paradoxales. Les alentours sont animés, comme bienveillants et renforcés, en apparence irisés.

Pour moi, de telles couleurs, entre rose et or, argent et bleu, n'existaient pas. Pas jusque-là. Un tel mélange de force et de paix non plus.

La prairie s'étend jusqu'à la rivière qui ondule entre les monts. De l'autre côté de l'eau, la rive est plus ombragée. Des bois bordent le courant et, de-ci de-là, un croissant de sable clair dessine une petite crique ensoleillée. Tout est étrangement vivant, même les pierres, même le vent. Et là, je le vois. Hiératique et vêtu d'un tissu écru, le vieil homme au grand crâne nu m'observe en silence, comme s'il m'attendait depuis toujours.

Bruit de sabot

Rappelé par un bruit de sabot qui m'extrait de cette incursion en territoire immatériel, je reviens à moi. Le cheval ne me quitte pas des yeux. Je comprends maintenant que son œil est une arche, une porte d'entrée vers cet autre monde, cette autre dimension où j'ai hâte de retourner voir ce grand vieillard énigmatique, tant je m'en sens proche.

Tout s'est enchaîné en quelques instants, l'orage, la puissance des éléments, l'extrême proximité de la foudre et, maintenant, cette vision. Mais l'heure n'est pas au voyage intérieur.

Au loin, j'aperçois Tsenek, à la croisée de la steppe et des premiers contreforts montagneux. Il s'engage dans une montée, avec son troupeau qu'il emmène vers de plus hauts pâturages.

Ici. Là-bas. L'expérience que je viens de vivre à travers l'œil d'Arzan, jusqu'à basculer dans une autre réalité, me laisse un goût étrange de reconnaissance. Pas tant du paysage que du registre et du vieil homme, certes mystérieux, mais si familier, et tellement *vrai*. Retrouvailles avec un espace chargé de sens. Un lieu de force. Un lien sacré. Un point de connaissance et de pouvoir. Monde intérieur où je me dois d'aller chercher des réponses à mes questions, et des éclaircissements sur moi-même.

Un second coup de sabot frappe la terre. Comme pour me presser d'aller me confier à Otharjanat, le cheval secoue son encolure et fait un long mouvement de tête qui semble indiquer la direction du camp.

Une heure plus tard, la guérisseuse me voit approcher au pas, encore bien secoué. Assise à l'entrée de sa *ger*[3], une yourte blanche et beige, elle est en train de coudre un lourd costume ouvragé ainsi que son masque à franges et à plumes. Mais, dès qu'elle m'aperçoit, elle délaisse l'habit cérémoniel en cours de façonnage et rentre chez elle en poussant lentement son épaisse porte en bois, gravée du symbole de l'abondance infinie. J'hésite. Elle ne m'a rien dit,

---

3. Tente mongole circulaire, équivalente à la yourte russe, plus large et moins haute qu'un *urtz*, ou tipi.

ni même fait un signe. Cherche-t-elle à m'éviter ? Non-sens. Une ancienne d'une telle carrure ne tente pas d'esquiver qui que ce soit.

Alors que je doute encore, une silhouette élancée traverse le campement au second plan.

La jeune femme tourne la tête vers moi et nos regards se croisent. Grands yeux en amande, pommettes hautes et lèvres de fruits rouges. Si belle. Instant émouvant au ralenti, comme en suspens.

Mais déjà elle disparaît derrière une tente, me laissant seul avec le goût d'un moment signifiant, que j'aurais aimé voir durer plus longtemps... En moi, j'entends les mots « se souvenir du futur ».

Je me résous à approcher de la yourte et à solliciter de parler avec Otharjanat.

Son mari m'accueille, avec une expression muette qui semble attendre ma demande.

Géant

— Oyzun, puis-je voir grand-mère ?

— Tu l'as déjà vue, me répond-il en souriant discrètement.

Puis il lève les sourcils, dans l'attente d'une requête plus précise.

— S'il te plaît, puis-je parler avec Otharjanat ?

— Approche, mon petit ! lance-t-elle avant même que Oyzun ait une chance de mener à bien sa tâche de gardien.

« Tu dois te sentir encore plus petit maintenant que tu as été embrassé par un géant ! »

Grand-mère sait donc déjà...

Elle rit.

« Alors, on t'a laissé tout cru à ce que je vois ? Pas de brûlures ? »

Je me tourne pour lui montrer mon dos. À droite, l'arrière de mon épaule, ou plutôt de mon manteau, a été brûlé par l'éclair qui m'a frôlé et tonné dessus. Étrangement, ma chemise n'est pas calcinée. Et ma peau est indemne. J'ai été touché, mais pas brûlé. Mes oreilles sifflent encore et tout me semble un peu distant. Dans l'obscurité de la tente me reviennent des bribes de l'orage et de la scène qui a suivi. Mes yeux se ferment, comme si je m'évanouissais ; l'attraction est trop magnétique, je ne peux pas lutter...

⁂

Tsenek et son troupeau, des nuages sombres, la foudre au loin, le tonnerre qui gronde, se rapproche, Tsenek craint qu'un éclair ne lui brûle une bête, nous sommes à découvert, il accélère, passe du trot au galop. Je galope derrière lui, mais tout à coup je m'arrête, inexplicablement, comme aimanté en arrière et retenu par le col, immobilisé par la main de l'orage. Là, je vois la foudre descendre sur moi comme un aigle en piqué, et se transformer brutalement en mille chevaux caracolant hors l'éther... Explosion inouïe. Je tombe. Suis aveuglé. Sourd. Odeur de brûlé. Monture figée, comme si Arzan s'était transformé en sculpture équestre. Pluie violente qui s'abat soudain. Crin trempé. Cheval immobile comme une figure nacrée. Je suis vivant. Un instant je me suis cru mort, ou plutôt tué, foudroyé. Je respire, mais me sens changé. Mes tympans hurlent d'un sifflement strident et sourd à la fois. Mes dents me font mal, ma mâchoire est verrouillée. Ébloui. Près de vomir. Le sol tangue. Je tente de me redresser et tombe sur le côté. Je ne discerne plus le haut du bas. Derrière les sirènes monotones de mes tympans saturés, j'entends Tsenek hurler. La vue me revient, petit à petit. Elle grouille de points lumineux qui s'éloignent à mesure que leur brillance se dissipe. Tout réapparaît progressivement. Les crêtes enneigées. Les nuages, la plaine, les bêtes. Tsenek se jette au sol à côté de moi et me remue à bras-le-corps.

— Tu es vivant ? Tu es vivant ! Reste avec moi, grand frère ! Reste avec moi je te dis !

⁂

Je rouvre les yeux. La lumière tamisée de la *ger* de grand-mère m'a permis de revoir quelques bribes de ce qu'elle appellera ma « petite mort ». Mais c'est comme si Otharjanat avait pu les voir à travers moi. Elle me regarde avec l'expression de celle qui sait, et à qui l'on n'a pas besoin de dire quoi que ce soit.

— Je pensais bien qu'un jour ils te tomberaient dessus ! ajoute-t-elle en riant et en se tapant les cuisses.

« Et maintenant, tu dois aller voir quelqu'un qui t'attend, et qui patiente depuis fort longtemps... »

Mise en abîme. Dans la pénombre, juste derrière grand-mère, je crois apercevoir le visage du vieil homme mystérieux, dressé tel qu'il m'est apparu de l'autre côté de cette rivière, dans un rêve éveillé.

« Non, pas un rêve », commente Otharjanat comme si elle lisait dans mes pensées. « Un vrai monde. *Ton* monde ».

Feu sacré

Cinq jours passent. Cette nuit, les *ongods*[4] devront corroborer les dires de la guérisseuse. Même si les signes de ma désignation sont là, leurs voix sauront se faire entendre, ou leurs contours se manifester. Et alors seulement serai-je vraiment accepté.

La date du rituel a été choisie en regard du cycle de la lune, les préparatifs ont commencé. Offrandes, amulettes, protections et collier *toli*[5]... chaque élément entre en jeu dans cette cérémonie qui pourra tourner court si l'au-delà ne le voit pas de cet œil. Jusqu'à mon costume et mon masque, dont je découvre qu'il s'agit de ceux que Otharjanat cousait, assise à l'entrée de sa

4. Esprits.

5. Disque de protection en métal, monté en pendentif.

yourte, lorsque je m'en revins de cet orage qui faillit me prendre la vie - à moins qu'il n'en ait annoncé un nouvel élan. Là encore, grand-mère chamane n'avait rien dit, mais son ouvrage traditionnel, brodé de symboles choisis, montre qu'elle savait.

— Es-tu prêt ?

La question de mon *tushee*[6] m'arrache à la rêverie. Bizarrement, je ne ressens aucune appréhension. Je me sens même confiant. Depuis des années, j'évolue parmi cette tribu, mais, pour la première fois, je crois que je vais enfin y entrer.

— Oui.

Mon *tushee* a pour mission de m'assister tout au long de la nuit, au sein de l'*ovoo*[7]. Il devra me guider alors que j'aurai les yeux bandés, ou battre du tambour pour soutenir mon voyage quand je n'en serai plus capable, emporté par la transe, ou plutôt tombé à terre, inanimé sous la force de la *buuh*[8] sur moi.

— Viens, il est temps de te purifier avec la fumée du genévrier.

Je me lève d'une des bottes de paille servant de sièges près de ma yourte, qui est un peu isolée du campement. Comme pour me souhaiter bonne

6. Assistant répondant aux besoins du chaman pendant les rituels et cérémonies.

7. Cercle cérémoniel.

8. Descente de pouvoir sur soi.

chance, Arzan, que Tsenek m'a offert après avoir vu l'éclair de trop près, hennit dans mon dos. Nous prenons le chemin de l'*ovoo*.

Ce qui s'ensuit cette nuit-là demeure sous le sceau du secret – et même si je le confiais, qui me croirait ?

Au lever du soleil, je ferai partie de la tribu, confirmé comme petit-fils adoptif de Otharjanat, et surtout comme son fils spirituel. Mes heures à ses côtés n'en seront que plus précieuses, me dévoilant chaque jour davantage l'ampleur de ses pratiques.

« C'est la première fois que j'ai un enfant », me chuchotera-t-elle en se balançant lentement, après plusieurs heures de danses, transes et visions entremêlées du parfum indicible de la stupeur, inspiré au-delà des frontières du possible.

Réminiscences d'enfance

Cet univers-là s'est ouvert en moi auparavant, alors que j'étais encore enfant. J'ai commencé à entendre des voix à l'âge de quatre ans.

« Écoute en toi et tu deviendras grand. »

Une voix, le plus souvent.

« Tu es ton plus court chemin vers la lumière... »

J'ai cinq ans. La rivière s'écoule dans un bruissement éblouissant, des éclats de soleil y scintillent en mille reflets. Tout est là, je n'ai besoin de rien. Je respire doucement. Assis sur le sable près du chemin de halage, je ne vois plus mon chien et me sens devenir eau. Je soupire tandis que le courant me traverse.

Cinq ans... mais quel âge ai-je vraiment ?

*

Bientôt six ans. Sur les bords de la Loire, père et mère se séparent. Sa maman n'est plus désirée. Munie d'un sac plastique empli à la hâte de vêtements et d'un koala en peluche élimée, elle emmène son fils à Paris. Ils dorment chez un ami, hébergés dans l'entrée. Une nuit qu'entre adultes ils décident d'aller boire dans un bar, ils laissent l'enfant seul. Ça ne se fait pas, mais ils sont déjà partis.

Il se réveille vers deux heures du matin, rêvant d'étranges félins entremêlés. Ses yeux sont encore pleins de leur fourrure et de leurs dessins. Des tigres réunis en un tête-à-queue harmonieux, telle une tapisserie respirant d'un seul souffle, voile de rêve gonflée par le vent des songes. Image mouvante et vivante.

Il ne se sent pas comme d'habitude, se découvre abandonné. Il appelle. Personne. Vêtu de son pyjama violet, il enfile ses petites bottes jaunes et sort de l'appartement pour retrouver les grands. Il les imagine sur le palier ou, au pire, dans l'escalier. La porte d'entrée se referme derrière lui. Il descend. Silence. Large porte vitrée donnant sur la rue sombre, déserte. Sur la nuit.

Des escaliers mènent au parc Montsouris. Il découvre ce monde froid et obscur. Sa mère est-elle partie pour toujours ? Son père n'a-t-il pas déjà disparu à leur séparation, demeurant hors de la ville où, lui dit-on, il reviendra un jour ?

L'heure tourne. La lune aussi. Il appelle. « Maman... maman ! » Encore, et plus fort. Il commence à monter les marches qui pointent vers les arbustes du square endormi. La panique le gagne et, pour la première fois, il crie le prénom de sa mère. « Séda... » Le concierge, qui l'a entendu depuis sa loge sur rue, vient le chercher et le garde jusqu'au retour des adultes.

Fin de la confiance. Début des rêves peuplés d'animaux. Puis de songes emplis de végétaux.

« Écoute la musique jouée par ta vie. Et joue bien. »

Oser être soi, c'est oser devenir cette petite voix. Son scribe.

« Au lieu de courir devant le monde, danse avec lui. Et vis... »

⁂

Six ans. Un dimanche matin, une plume d'aigle, rapportée du Mexique par sa mère, lui parle. Un rayon de lumière traverse les voilages de la fenêtre pour venir révéler le ramage du rapace.

« Négliger la vision, c'est perdre son énergie. Lui être attentif, c'est demeurer nourri. »

Il ne comprend pas tout, mais il a rendez-vous avec lui-même, peut-être avec quelqu'un ou quelque chose de plus grand. Et cela, il le sent.

« Quelle que soit la vérité de ta parole, l'espace du silence sera toujours plus vaste... »

Ses yeux sont bleus

Le lendemain de la cérémonie dans l'*ovoo*, je regarde le jour décliner, appuyé sur une barrique en dehors du campement, près d'un enclos où se reposent les chevaux. Tsenek a vu des traces de loups aux alentours. Ses rennes sont nerveux. On les entend renâcler et souffler.

Le soleil va bientôt se coucher. Les chiens sont répartis en trois petites meutes : les chiens de garde avec les chevaux, ceux de bergers auprès du troupeau, et ceux des chasseurs au campement. Je m'approche du feu de camp et trouve matière à tabouret dans un billot bien sec débité il y a longtemps. Avant de m'asseoir, j'y remarque un motif, annonciateur s'il en est, gravé au couteau en plein centre des cercles concentriques qui indiquent l'âge d'un arbre. Il figure une sorte de tige à deux feuilles, à moins que ce ne soit les ailes d'un papillon. Quand le bruit d'un pas décidé me fait relever la tête.

La jeune femme marche droit vers moi. C'est elle. Elle, dont j'ai longuement croisé le regard, en attendant de parler à grand-mère, juste après l'éclair et le tonnerre. Elle se trouve à une trentaine de mètres, et ses bottes, dont les pointes avant sont relevées en leur extrémité « pour ne pas blesser l'esprit de la Terre », martèlent le sol comme si elle n'avait pas une seconde à perdre. Je l'avais déjà remarquée pour sa beauté, mais à distance seulement. Au campement, je suis le plus souvent seul ou avec les chiens et, surtout, avec Otharjanat. J'ai noué peu de liens. Quelques-uns avec les pasteurs nomades ou chasseurs que Tsenek connaît, tous des hommes.

Dix mètres. La jeune femme ne ralentit pas, ce qui commence à m'alerter. Je me lève. Elle s'arrête à deux mètres de moi. Elle porte des vêtements joliment anciens, brodés de motifs colorés sur fond de soie marine, délavée par endroits. Elle est plus que belle et me semble immense. Elle ne dit rien. Son visage est complètement immobile. Pommettes saillantes, rougies par l'altitude, cheveux noirs et front clair, vernis par le soleil. Sans hésitation, elle cherche mon regard, et d'emblée me scrute. Ses yeux ne clignent même pas. Ils sont d'un bleu profond, bridés de perfection. Je prends conscience de ma respiration, accélérée, et de mes sourcils froncés. Sur une expiration profonde, je me détends. Vise droit dans ses pupilles. Le temps devient pressant, et son regard insistant. Elle fait un pas en avant et s'expose, entre deux ombres d'arbres, dans un dernier rayon de jour.

Le couchant colore sa peau d'une lueur abricot. Elle se tient droite comme un arc bandé. Alignement miroir entre nous deux. Déclic. Ses yeux brillent et ses lèvres s'entrouvrent. Elle inspire par la bouche. Puis sourit. Moi aussi. Quand soudain, elle se détourne et disparaît dans l'obscurité.

La foudre a encore frappé.

Un râle profond

Cet après-midi, le message attendu m'est arrivé. Je dois bientôt rentrer à Paris pour signer des papiers importants. Il n'y a pas à hésiter, mais mon plexus l'entend différemment...

Depuis hier soir, je ne songe même plus à m'éloigner du campement. N'ai qu'une envie, la recroiser. En savoir plus sur elle, connaître ses nuits et ses jours.

Je m'en ouvre à Otharjanat. Elle ne me renseigne en rien sur la jeune femme. Me dit que les choses viennent quand elles le doivent ; parfois quand elles peuvent.

Je lui parle de mon retour en France. Elle me répond du tac au tac que ça n'est pas prévu. Que je dois rester afin de poursuivre son enseignement.

— Comment cela, « pas prévu » ?

— Tu ne devrais pas perdre du temps à penser à rentrer. Ou plutôt à repartir. Pas pour le moment.

Elle clôt la discussion en me disant d'interroger moi-même les esprits, me sert une tasse d'une infusion à peine tiède, plus amère que jamais, puis retourne à sa broderie et entonne un chant lancinant.

Après quelques minutes à l'écouter et à laisser décanter sa réponse, j'avale le breuvage d'une traite et m'apprête à sortir de la yourte. Une fois debout, j'ai un haut-le-cœur assez fort pour me déstabiliser, mélange inattendu de pression, de torpeur et de nausée.

Je sors en titubant. En me retournant pour fermer la porte, j'aperçois grand-mère en train d'observer le fond de ma tasse, comme si elle déchiffrait un parchemin. Elle s'arrête de fredonner. Puis retourne la tasse sur un plateau argenté, tout en poussant un râle profond. Mon malaise disparaît aussitôt.

Nouveau fils

Au petit matin suivant, Tsenek se présente devant ma tente, le sourire aux lèvres.

— Une balade ? propose-t-il sans même descendre de cheval.

Nous partons au pas, plein ouest, poursuivant nos propres ombres étirées au sol comme deux sentinelles discrètes à travers la plaine.

« J'ai entendu dire que tu avais eu de la visite. »

— Visite ?

— Hilga. La fille du disparu Tahor. La sœur de Huntzuk le chasseur.

— Je ne savais pas qu'elle s'appelait Hilga.

— Pourquoi est-elle venue te voir ?

Je suis tellement surpris par cette question que j'arrête Arzan. En quinze ans, Tsenek n'a jamais exprimé la moindre curiosité sur ma vie privée. En tout cas, jamais de manière frontale. C'est la première fois qu'il m'interroge directement, et il n'a plus le sourire qu'il arborait en arrivant.

— Pourquoi cette question ?

— Hilga est promise à un autre. À sa mort, son père Tahor a renoué avec une vieille tradition patriarcale, aujourd'hui critiquée par les femmes. Il a investi son fils Huntzuk d'une mission. Garder sa sœur de toute relation sérieuse jusqu'à son mariage, prévu en dehors de notre tribu. Mais certains ont remarqué qu'elle est venue te voir. Et même si cela n'a duré qu'un court moment, ils en ont déjà parlé. Ça n'est pas anodin qu'elle soit venue jusqu'à ta tente. Huntzuk n'est rentré de la chasse qu'hier, mais il l'apprendra, et te posera les mêmes questions que moi.

— Je ne sais pas vraiment pourquoi elle est venue me voir. Elle ne m'a rien dit.

Tsenek fait la mine de celui à qui on ne va pas mentir, puis s'arrête net, sachant bien que je ne saurais pas lui cacher la vérité. Il me regarde, pensant avoir trouvé la seule réponse possible à son énigme.

— Alors peut-être que Hilga avait une demande chamanique pour toi, et que tu la tais en vertu du secret ?

— Non. Ça aussi je te le dirais, même sans préciser de quoi il s'agit. Sans doute a-t-elle voulu voir de plus près qui est « le nouveau fils de Otharjanat », c'est tout.

— Hmm... mais ce n'est pas normal qu'elle soit venue jusqu'à toi.

— Je n'ai pas dit que ça l'était.

Tsenek me regarde de nouveau et détecte mon émotion. Son sourire lui revient quand il ajoute :

— Ça n'est jamais totalement simple avec toi... On verra bien ce qu'en disent les esprits, pas vrai grand frère ?

Et d'un cri vif, il lance son cheval au galop, m'invitant sans un mot à une course effrénée, tout comme lors de notre première balade, quand il n'avait que treize ans, et moi vingt.

Tombé de cheval en pleine ruade, Tsenek s'était cassé le poignet gauche jusqu'à en garder pour toujours une articulation déformée en escalier. Je me sentais en partie responsable de l'accident, et voulus plus que tout l'aider, mais sans savoir comment. Mes mains, pourtant, étaient souvent attirées vers sa fracture, comme pour le soulager, voire le réparer.

Je croyais alors être venu pour quinze jours seulement, afin de participer à un travail bénévole auprès de certains troupeaux, en échange de l'accueil dans une tribu nomade d'éleveurs de rennes. Pour deux semaines, avant de retourner à Paris. Rien de plus. Mais je m'étais tout de suite senti chez moi.

Quinze années avaient passé, et je restais marqué par la clairvoyance avec laquelle Otharjanat m'avait dit, dès notre première rencontre, alors que je croyais simplement parler à l'une des doyennes du clan et non à son membre le plus important :

« Je te vois, mais toi tu devras venir me consulter, et revenir bien des fois. Afin de vraiment me *voir*. Et te connaître. Enfin, te *reconnaître*... »

L'arbre du monde

Il a bientôt sept ans. Dans le préau d'une école parisienne, les élèves sont assis en tailleur face à la corde à grimper. Il a l'impression de ne pas faire partie du groupe. Appelé, il se lève. Son cœur bat plus fort. Il s'avance vers le professeur, et l'axe vertical qu'il enserre de ses deux mains avant de s'élancer. Le plafond du gymnase est haut, mais quelques mouvements pour monter, toucher l'attache et redescendre ne devraient pas prendre longtemps. Il se hisse et respire plus fort. Un ou deux mètres encore. Soudain, se surimpose à cette corde l'image d'un arbre, isolé en pleine taïga, auquel il grimpe également. En lui-même, il se dit : « L'arbre du monde ». *Quand tout à coup, l'espace s'ouvre. Par le haut. À son corps, à son âme, à son ouïe.*

— Mon monde...

— Détends-toi. Tu as l'éternité pour t'accomplir. Mais ouvre les yeux car elle se joue maintenant. Toujours maintenant...

Il entend de plus en plus clairement cette voix intérieure au timbre merveilleux. Et pratiquement plus le maître et les autres élèves.

Le professeur le somme de redescendre.

— Reviens, à la fin !

En vain.

Les rires des enfants redoublent, mais eux aussi finissent par s'estomper à l'arrière-plan. Il s'agrippe à la corde pendant que la voix le traverse. Il n'en peut plus d'effort et d'extase. Il n'y a pas de mots pour autant.

Le cours du temps reprend. Quelques mouvements descendants et le voilà de retour sur Terre. Changé pour toujours.

— Mais que s'est-il passé ?

La première fois. Foudroyé de l'intérieur. Monde en suspens, extase articulée.

— Il suffit d'un instant pour t'illuminer...

Toute sa vie, il allait rechercher la maison de lumière.

*

Son enfance s'écoule sans intégrer de groupes, que ce soit à l'école, en vacances, ou même en famille. Neuf ans passent et, corde ou arbre, porte ou échelle, l'ascension vers d'autres cieux lui manque. Marqué à jamais, il se demande si cela se reproduira un jour.

Alors le destin intervient, sur l'île de Giannutri, à l'ouest de l'Italie. Il est avec sa petite amie. Il a seize ans, elle dix-huit. Le soleil et la mer, le vent... puis la tempête. Comme des enfants euphorisés, ils se déshabillent en hâte et vont danser sous la pluie battante. L'énergie pulse et l'ondée les appelle. Le tonnerre gronde et l'averse se fait diluvienne. Ils courent vers la maison. La pluie redouble, la foudre frappe à proximité et les électrise. Il se précipite et glisse. Il tombe. Sa tête heurte violemment le sol carrelé. Si fort qu'elle rebondit.

Tout s'arrête. Il le sait, il le sent, cette fois c'est différent. Il doit y aller, s'envoler pour les rencontrer et recevoir leur aide. Eux que l'on ne voit pas. Beaucoup d'aide, tout de suite.

L'image d'une flûte le traverse, et s'impose. Sa flûte. Pas seulement un instrument de musique, mais aussi de voyage. De son et de pouvoir. Il en a besoin. Maintenant, mais pour ailleurs. Ici, il ne sait pas en jouer. Là-bas, il ne saurait vivre sans cette alliée.

Il aperçoit un visage rayonnant. Une belle jeune fille aux yeux bridés, toute de bleu vêtue. Et croit entendre un nom qu'il ne reconnaît pas, quelque chose comme « Hilda ». Puis elle disparaît telle qu'elle est apparue.

L'espace se voûte. Un dôme apparaît au-dessus de lui. Tonnent les géants de lumière, dehors comme dedans.

Son amie a peur. Il y a eu des précédents, d'autres accidents. Il paraît déjà parti. Sa tête s'affaisse et son corps se met à trembler. De plus en plus fort. Elle est sous le choc. Il est secoué de convulsions. Les spasmes ne cessent de s'intensifier. Elle ne veut pas y croire, mais sent la mort s'approcher. Et avec elle, toute la tristesse du monde. Lui sent l'au-delà s'ouvrir. Derniers soubresauts, suivis d'un spasme plus violent que les autres, avant ce qu'elle imagine être la fin.

Puis plus rien. Totale immobilité. Terreur en la jeune femme qui aime. Elle ne l'entend plus respirer. Une minute. Deux minutes...

Quand soudain, il revient. Regard clair, voix posée, énergie transformée. Il demande qu'elle lui souffle sur la tête. Le crâne. La fontanelle, en fait. « Le trou secret », comme l'appelle Otharjanat. Cette expiration soufflée lui rappelle la flûte qui lui a tant manqué, mais déjà le souvenir de l'au-delà devient insaisissable.

Il rentre d'un profond voyage. Et a enfin compris. Il ne peut pas savoir quoi, mais il le sent, intérieurement comme tout autour de lui, autant qu'il se sent vivant, retrouvant l'invisible, et ne reconnaissant presque plus le visible.

Il est présent, plus que jamais. Ça n'était pas le moment de rester de l'autre côté. Son ton est ancré, et sa belle, subjuguée. Il articule doucement :

« Le jour où je suis né. »

Il s'était déjà évanoui de douleur, les os fracturés... Mais là, c'est autre chose. On lui a délivré un message - pourtant, il ne sait plus lequel. Il ne peut pas percevoir les deux mondes à la fois. Même s'il en meurt d'envie.

Demeure ce sentiment de territoire plus que familier, de pays d'origine, de chemin mystérieux mais connu, maintes fois parcouru. Et de pratique sacrée. La tête et l'épaule meurtries, mais bizarrement sans la moindre contusion. Force et spiritualité sont rappelées, réintégrées.

Il perçoit tout différemment. Les murs paraissent creux et l'espace semble plein. Les lumières plus vives. Les sons se propagent en ondes légèrement colorées. Le vide est devenu fécond.

Il a reçu un coup sur la tête, une frappe initiatique. Chaque jour nouveau est un miracle qui s'offre à lui. On lui a sauvé la vie, et en même temps réappris à vivre. En quelques instants.

Ému, il a mué. Et dit mille fois merci.

Après cette façon d'initiation, dix ans passeront avant qu'il retrouve enfin son chemin, et les siens. En Mongolie...

Le vieux qui m'attendait

Plusieurs nuits passent sans que les loups n'approchent. Un matin, je croise Oyzun entre deux enclos. Il me fait signe d'aller à sa *ger*. Grand-mère est campée devant sa porte et tient dans les bras un faon moucheté de blanc, qu'elle pose délicatement à terre en me voyant arriver. Les prédateurs ne doivent plus être si près.

—Alors ? me demande-t-elle sans plus de précision.

— Alors... mon retour en France ?

Otharjanat glousse, puis me fixe d'un regard impassible qui ne trompe pas. En cet instant, seul l'intéresse ce qui nous dépasse. Je sens me venir une réponse insignifiante, et reste muet.

—Non, le vieil homme au grand crâne nu, ajoute-t-elle.

Ma vision... Je n'y suis pas retourné. Obnubilé par le passage de Hilga, j'y ai peu repensé. Affairé auprès du troupeau de rennes et des chiens, j'ai enchaîné les tâches quotidiennes sans prendre le temps de pratiquer, peinant à désirer autre chose que de recroiser la jeune femme au regard bleu profond.

« Hâte-toi, mon petit. Les esprits n'aiment pas être convoqués sans être honorés. »

Et ce disant, elle quitte le camp.

« Convoqués »... Je n'ai pas conscience d'avoir appelé qui que ce soit. Mais finalement, je comprends. Ces jours, semaines, mois et années, ces périodes à douter et à questionner sans cesse... tout ce temps j'ai demandé un signe, espéré un prodige, attendu un dénouement. Et sans doute est-ce lui, glissé entre un coup de tonnerre et un regard de cheval, qui est venu pour enfin m'éclairer. Un vieil homme mystérieux que je n'ai fait que contempler, de loin et sans l'interroger, même en pensées. Il est temps d'y remédier.

Cercle de peau tendue

Fin d'après-midi dans ma tente. Après plusieurs préparations rituelles, libations et invocations, je saisis mon tambour. Le genévrier brûle dans une coupelle dédiée. Je tourne et retourne l'instrument parmi les volutes de fumée odorante jusqu'à ce que les brins de la plante, rougis comme de minuscules braises, s'éteignent peu à peu dans une ronde de crépitements.

Silence. Assis en tailleur, je respire profondément, encore et encore. Puis me lance au rythme de la mailloche[9].

Dong. Dong. Dong dong. Dong dong dong. Dong dong dong dong dong dong dong dong dong dong dong dong dong dong dong dong dong dong dong dong dong

9. Ou *orba* : bâton et objet de pouvoir rituel du chamane.

dong dong dong dong dong dong dong dong dong dong dong dong dong dong dong dong dong dong dong dong dong dong dong dong dong dong dong dong dong dong dong dong dong dong dong dong dong dong...

J'entre progressivement dans la cadence, et approche mon oreille du cercle de peau tendue. Ce n'est plus moi qui écoute la percussion, mais le son de l'instrument qui m'enveloppe, corps et âme. Ma raison s'éclipse sans peur, laissant place à une énergie grandissante d'homme et d'animal entremêlés.

Dong dong dong dong dong dong dong dong dong dong dong dong dong dong dong dong dong dong dong dong dong dong dong dong dong dong dong dong dong dong dong dong dong dong dong dong dong dong dong dong dong dong dong dong dong dong dong dong dong dong dong dong dong dong dong dong dong dong dong dong dong dong dong dong dong...

Une vague de chaleur monte le long de ma colonne vertébrale. Sensation d'avoir plus de force que l'humble humain que je suis, et bien plus de présence que de réelle stature physique. Je me sens grandi au-delà de moi-même, comme si j'allais soulever ma tente tout entière.

Dong dong dong dong dong dong dong dong dong dong dong dong dong dong dong dong dong dong dong dong dong dong dong dong dong dong dong dong dong dong dong dong dong dong dong dong dong dong dong dong dong dong dong dong dong dong dong dong dong dong dong dong dong dong dong dong dong dong dong dong dong dong dong dong dong dong...

Éruption subite, je me lève pour tourner sur moi-même. Les coups de battoir perdent en régularité et gagnent en intensité. Je tourne sur moi-même comme une planète en orbite autour du poêle central qui chauffe ma yourte, où les flammes dansent sans relâche. Mon ombre grandit sur les parois de la tente, j'ai l'impression que ma bouche se transforme en museau, mes pieds en sabots. Cela ne semble pas avoir de sens, mais dans la transe de la danse, nous incorporons d'autres créatures...

Dong dong dong dong dong dong dong dong dong dong dong dong dong dong dong dong dong dong dong dong dong dong dong dong dong dong dong dong dong dong dong dong dong dong dong dong dong dong dong dong dong dong dong dong dong dong dong dong dong dong dong dong dong dong dong dong dong dong dong dong dong dong dong dong dong dong...

J'ai de plus en plus de mal à rester droit. Le rythme s'accélère, je virevolte le long des arceaux et des perches du toit, je sens que je vais m'effacer, m'abandonner à bien plus grand que moi. Quand j'entends un loup hurler. À cet instant, je bascule de l'autre côté.

Logos

Espace brillant, couleurs surréelles... je reconnais le monde où j'ai aperçu le vieil homme vêtu de son habit écru. Mais bizarrement, la rivière n'est plus.

— Car tu viens de la traverser, entends-je résonner en mon for intérieur.

Je me retourne. Il est juste là, derrière moi, souriant. Il m'a parlé sans articuler le moindre mot. À mon tour je lui réponds, et comprends d'emblée que je n'ai pas à prononcer, mais juste à penser. Transmission.

— Qui êtes-vous ?

— Celui qui a quelques réponses à tes questions. Et des questions à tes réponses aussi.

Étrange impression. Cette dernière phrase semble distordre ma logique même, sans que je puisse la comprendre plus avant. Pourtant, dans ce monde parallèle, je ne peux que l'accepter, et la légère tension qu'elle semble avoir imprimée en mon cerveau se dissipe au moment même où je l'intègre. Résolution.

— Par où commence-t-on ?

Ma demande semble amuser mon hôte qui, passé un grand sourire, relève sa main droite et place son index au milieu de mon front.

— Par ici, me répond-il une fois encore sans rien articuler.

Puis il claque des doigts, et, au sein de cette vision, je m'évanouis aussi sec.

*

Je tombe en moi-même et suis pris dans un tourbillon descendant. Mon champ visuel s'ouvre à trois cent soixante degrés comme si j'avais des yeux derrière la tête, ce que je n'arriverai plus à me représenter par la suite. Cela ne dure qu'un temps. Chute vertigineuse. À mesure que je m'enfonce dans un puits sans fond, j'ai aussi la sensation de monter – autre perception étrange et même paradoxale, cependant bien présente en mon être tout entier.

La « chute ascensionnelle » s'accélère. Autour de moi des symboles apparaissent, sortant du vide par dizaines, et défilent sans discontinuer. Impossible de les voir tous, tant leur profusion se trouve décuplée par la vitesse de cette plongée. Je reconnais au passage des chiffres, des caractères anciens, des signes du zodiaque ou encore des symboles déjà vus dans des gravures liées à l'alchimie ou l'ésotérisme. J'y découvre aussi des alphabets que je ne reconnais pas, peut-être issus de cultures disparues pour certains d'entre eux, qui paraissent archaïques et mystérieux. Mais aussi de civilisations avancées pour d'autres. Ceux-là, aussi énigmatiques qu'hypnotiques, me coupent le souffle par leur perfection géométrique. Ils sont plus purs et plus futuristes à la fois que tout ce que j'ai pu voir à ce jour. Quelles qu'elles soient, toutes ces lettres et figures semblent avoir leur vie propre. Elles vibrent de sens, diffusent l'énergie de leur message et rayonnent leur essence intelligente, comme un vaste alphabet multidimensionnel se déployant en guirlandes sans fin. Je remarque qu'elles deviennent irisées là où mon regard se porte, telle une intelligence réagissant à mon observation. Ai-je déjà vu quoi que ce soit d'aussi impressionnant ? En une danse d'une puissance indicible, ces rubans s'accolent les uns aux autres. Je suis tourneboulé dans un vortex composé de centaines de glyphes et de symboles, tous unifiés en un même langage. Un langage hors d'âge. Au-delà des formes particulières que prennent nos alphabets, lui est vibrant, éternel…

Le temps n'existe plus. Je suis aspiré par le siphon de cette tapisserie mouvante de langues passées et futures. Je ne me suis jamais senti aussi petit et aussi grand à la fois. Tant de sens, voire trop. J'ai l'impression que les limites de ma conscience sont étirées au point de commencer à craquer, que les résistances de mon cerveau vont bientôt sauter. Mon corps physique tremble tant et plus, comme celui d'un astronaute en plein décollage. Je pressens la peur qui vient m'envahir. La crainte d'en avoir trop vu et de devenir fou. D'imploser en vol dans mon cœur même, qui caracole à tout va. Pourtant je sens que cette peur est un leurre, qu'elle me teste en chemin, et m'empêchera d'aller plus loin si je n'en ai pas le courage. Elle se double du sursaut d'un ego menacé de dissolution imminente. Je me concentre sur ma respiration, et lâche prise face à la houle que je ne saurais surmonter.

Alors m'apparaît le visage de Hilga en un hologramme surimposé à cet ensemble mouvant. Je vois des brins surfins, issus de ces milliers de guirlandes de codes textuels et visuels, glisser à travers sa peau comme de microscopiques filaments luminescents entrelacés à ses courbes, ses cellules, et aux doubles hélices de son ADN*...*

Je veux rester aligné dans l'œil du cyclone qui demeure le seul point d'ancrage possible, mais une pression hors norme continue de monter. C'est alors que j'entends le vieil homme.

— Demande de l'aide... tu n'es pas seul, jamais. Mais pour être aidé, il faut appeler.

Le simple son de sa voix me fait revenir à moi, comme si son assistance était déjà fournie en elle-même.

Moins seul que jamais

Je suis allongé sur le dos près du poêle, la main gauche tenant encore mon tambour, le poing agrippé au cordage resserré en croix et noué au verso de sa peau. Je suis seul, mais ma tente semble pleine de présences. Je me sens moins seul que jamais. Je me redresse et m'assois face aux flammes. Mon cœur bat vite, beaucoup trop vite. Évitant de penser, je respire aussi lentement que possible, jusqu'à retrouver un rythme cardiaque supportable.

C'est la première fois que j'ai fait, au sein d'un voyage intérieur, un autre voyage. La cartographie de mes explorations psychiques s'en trouve doublée d'autres dimensions, donnant à toute expérience une nature fractale. Je sais le vieil homme à mes côtés, entre sa réalité et la mienne. À peine l'ai-je perçu que sa voix me rejoint, comme celle d'un guide intérieur.

— Reçois de l'aide... tu n'es pas démuni, jamais. Mais pour être aidé, il faut d'abord prier.

Synchronicités

Début de soirée. Je m'extrais doucement de ce double voyage en me focalisant sur des tâches simples. Faire chauffer de l'eau dans une vieille bouilloire troquée il y a des années contre un stylo à plume, préparer un thé vert mélangé à quelques feuilles d'absinthe, replacer mes coussins qui semblent avoir été piétinés par une horde, et retendre les tapis sur le sol de ma yourte. J'allume deux bougies de cire d'abeille, les place de part et d'autre de mon tambour, alimente le poêle de quelques petits morceaux de bois à l'écorce parfumée, et m'assois sur le coffre qui fait face à l'entrée. Bien qu'habituelle, l'infusion me semble la meilleure que j'aie jamais goûtée. J'ouvre une vieille boîte à café contenant des baies et des fruits secs, en égrène une poignée sur un bol à moitié empli de yaourt au lait de yack. Je pousse un grand soupir. Me voici de retour dans mes bottes, ou plutôt mes chaussons de peau de mouton. Histoire d'aérer mon lieu de vie avant la nuit, je me lève et me dirige vers la porte. Quelqu'un frappe juste quand j'allais l'entrouvrir - je m'arrête dans mon élan. Il est tard, c'est plutôt surprenant. J'ouvre. Hilga apparaît dans la pénombre. Le bleu de ses yeux vibre avec le turquoise de ses boucles d'oreilles serties d'argent. Sans même attendre d'y être invitée, elle entre dans la tente en me frôlant l'épaule. Je referme la porte et la dévisage en pensant qu'elle va me parler. Mais elle ne dit rien. Elle me fixe en respirant rapidement. Puis jette un regard circulaire sur l'intérieur de la *ger*, s'attarde sur mon tambour et ses bougies, le temps de reprendre tranquillement son souffle avant de plonger dans mes yeux. Ma tête chauffe. Mon pouls pulse toujours plus. Mon plexus s'ouvre à mesure que les secondes passent. Je savoure cette adrénaline, exquise comme un parfum de première fois dont on sait déjà qu'il ne durera jamais assez.

Me revient la déclaration de Tsenek : Hilga n'est pas censée me fréquenter. Comme si elle avait lu dans mes pensées, elle rompt ce délicieux silence.

— J'ai été promise par mon père à quelqu'un que je ne connais pas. Et qui ne me souhaite même pas, car son cœur est ailleurs.

Je reste muet tant ce plan fermement établi ne trouve aucun écho en moi. Et pour cause... c'est encore plus vaste que cela. Quelque chose ne va pas, comme si notre ligne de temps ne nous y préparait pas.

« Donc je suis engagée... Tu le sais ? »

— Oui.

— Et ?

Pour toute réponse, je lui ouvre les bras. L'instant d'après, elle s'y jette comme un animal libéré...

Un hymen interdit

— *Même le diable fait partie du jeu de Dieu.*

— Quoi ?

Otharjanat me fixe sans répondre. Puis éclate de rire, caresse son chien et commence à bourrer sa pipe d'un vieux tabac. Dehors, la lune se lève, immense et orangée.

— Ça n'est pas clair ? demande-t-elle en enserrant d'une pince un tison ardent dans le foyer du poêle, pour le rapprocher du foyer de sa pipe.

Oyzun dessert le *gouriltaï*[10] au mouton bouilli et le *aïrak*[11] que nous venons de partager pour le dîner.

---

10. Soupe de nouilles à la viande.

11. Lait de jument fermenté.

— Grand-mère, le vieil homme de ma vision m'a dit que je devais demander de l'aide. Pourquoi ? Suis-je en danger ?

— Pas vraiment. Mais pour aller plus loin sans devenir fou, il te faudra de l'aide. Et pour rester du bon côté de la magie, il te faudra de nouvelles forces aussi. Certains apprentis perdent la tête. D'autres deviennent malveillants. C'est parfois la voie de la facilité. On te veut meilleur et guérisseur. Ni fou, ni même sorcier.

Oyzun repose sa tasse de thé, regarde sa femme, puis moi rapidement, sa femme encore en lui faisant un grand sourire, et sort. Otharjanat rit de nouveau.

— « Ah l'amour », chuchote-t-elle entre deux joyeux soubresauts.

Elle rit de plus belle. Je ne comprends pas si sa remarque concerne Oyzun et elle, ou Hilga et moi. Avant que je puisse m'en exprimer, elle ajoute :

« Ah la la, comme ils disent chez toi ! »

Otharjanat et moi parlons souvent des proverbes ou des expressions imagées de ma langue maternelle, le français. Ça la fait beaucoup rire. Je les lui traduis mot à mot, littéralement. Alors, elle fronce les sourcils parfois, les lève souvent, et finit par en rire presque à chaque fois. « L'amour donne des ailes ; entre chien et loup ; déplacer des montagnes ; voir d'un autre œil ; être à cheval entre deux ; reprendre du poil de la bête ; avancer à pas de loups ; en avoir le cœur net ; rassembler ses esprits »... autant de tournures classiques qui la font réfléchir et sourire à la fois. Comme si elle s'amusait à constater que nous en disons plus que nous n'en comprenons, et que nos métaphores décrivent parfois des réalités plus chamaniques que nous n'en avons conscience. Des sens plus profonds, et peut-être même bien plus réels au-delà des images dépeintes. Elle prend donc au sérieux ces bouts de phrases qui ont façonné mon éducation, et ma façon d'illustrer mes pensées. Elle s'en régale, et distingue les proverbes qui sont toujours vrais de ceux qui ne peuvent pas systématiquement s'appliquer. Voire de ceux qui seraient faux dans notre pratique chamanique, qu'elle affirme irréductible à toute forme verbale ou même pensée. Ce faisant, elle déprogramme certains de mes acquis, pour ensuite les élargir d'autant plus. Otharjanat ajoute :

— « C'est en forgeant qu'on devient forgeron » est vrai pour le travail du bois et des peaux, la maîtrise des troupeaux... mais c'est faux pour nous. On ne *devient* pas chaman, on *naît* chaman.

Elle se lève et passe les doigts entre ses *khadags*[12], soyeuses et de couleurs vives, qu'elle prépare et

12. Écharpes traditionnellement accrochées aux arbres en vue de prières et de cérémonies.

accroche dans sa tente en vue de cérémonies prochaines, puis s'arrête sur l'une d'entre elles, d'un bleu intense, comme si elle la déchiffrait. Brusquement, elle tourne la tête vers moi et me regarde d'un œil perçant, presque guerrier.

« Tu dois savoir ce que tu fais, et dès à présent pourvoir à ce que tu feras. Car tu sais bien qu'ici-bas, Hilga est déjà engagée. »

Sur ce, elle sort de la yourte et me laisse seul avec son chien.

Maintenant, je comprends sa remarque : « ... pour aller plus loin sans devenir fou, il te faudra de l'aide. Et pour rester du bon côté de la magie, il te faudra de nouvelles forces aussi. »

Face à face

Balade matinale dans la forêt voisine. Les sous-bois sentent encore les feuilles humides et la fraîcheur de la nuit. Hier, suite à un moment dans les bras de Hilga, je n'ai pu trouver le sommeil. Sans doute étais-je également agité par le conseil de Otharjanat, reçu après notre dîner.

Après une heure à me retourner sur mon oreiller, j'ai passé une partie de la nuit à écrire et à méditer, et suis parti me promener à l'aube, seul, puis rejoint par le chien de grand-mère. Je reprends à présent la direction du campement, revigoré par ce bain d'arbres et de plantes sauvages. Des amanites tue-mouches parsèment les mousses et les jeunes pousses de leur disque rouge à pois blancs, certaines à moitié mangées et visiblement appréciées d'un renard dont les traces entourent les champignons, rutilants comme des soucoupes magiques. En Occident symbole de danger toxique, *Amanita muscaria* est au contraire ici l'une des figures centrales de plusieurs initiations secrètes, mais parfois dangereuses si le renne n'a pas joué son rôle d'intermédiaire entre le champignon vénéneux et l'humain. Vue comme dotée d'un esprit divin, elle est vénérée par certains comme étant la chair des dieux, et crainte par d'autres tel un poison mortel.

De retour dans la plaine ce matin, je n'aperçois qu'une seule silhouette déjà levée dans les lueurs grandissantes d'une aurore violacée. Huntzuk, campé sur ses deux jambes comme un compas piqué dans le sol, à proximité de jeunes rennes dans leur enclos, à une trentaine de mètres de moi.

Droit comme un poteau, il ne me quitte pas des yeux.

Je continue de marcher vers ma tente, lorsqu'il me salue d'un geste de la main. Je m'arrête, le fixe en retour, puis réponds du même geste. Le chien me délaisse et repart vers la yourte de sa maîtresse. Il a les oreilles baissées, ce qui n'est pas toujours bon signe. Huntzuk refait un geste de la main, cette fois accompagné d'un raclement de gorge. Il insiste, comme pour m'inviter à le rejoindre. S'il veut me parler, pourquoi ne vient-il pas à moi ? Je ne peux pas marcher jusqu'à lui, car ce serait faire montre de soumission avant d'entamer un échange. Je reprends mon chemin. Il se dirige alors vers moi d'un pas ferme. Je m'arrête de nouveau pour lui faire face.

— Bonjour Huntzuk.

— Pourquoi ma sœur est-elle venue te voir ? Qu'a-t-elle dit ?

Il parle vite. Difficile de faire plus direct.

— Demande-lui.

— Ça ne se fait pas. Pour ces choses-là, on parle entre hommes, et les femmes parlent entre elles. Alors ?

— Pourquoi devrais-je te répondre ?

Agacé, Huntzuk crache au sol la chique de plantes qui lui déformait la joue.

— Si c'était chamanique, Hilga serait allée parler à Otharjanat, pas à toi, son apprenti, et je ne te demanderais rien. Mais ça n'est pas chamanique, et je dois savoir. C'est personnel, donc ça me concerne.

— Huntzuk, dans ma culture, si c'est personnel, c'est peut-être privé, et alors ça ne regarde personne.

— Dans ta culture... mais ici tu n'es pas chez toi.

À ces mots, Huntzuk semble mal à l'aise ; il a parlé trop vite et il le sait. Ma position n'est plus celle d'un apprenti ; en tant que petit-fils adoptif et plus encore fils spirituel de Otharjanat, je fais partie de la tribu. Je suis même appelé à en devenir parfois responsable concernant certains sujets liés à la chasse ou à la guérison, bien que mon rôle soit encore à confirmer, car traditionnellement cette tâche est confiée à une personne d'une même lignée de *boo*[13], de génération en génération. Un jour, je devrai donc intervenir pour la divination, pour divers rites de passage, les accidents, les morts, les offrandes... et intercéder en faveur de mes proches ou des autres. Pas forcément directement, mais dans une relation aux *ongods*, aux esprits, et un rapport à la nature, aux éléments. Huntzuk sait bien que, Otharjanat partie, ou peut-être avant, je recevrai la charge du clan et de ces tâches. Ce qui me donnera un statut spécial. Je serai évalué, craint et respecté à la fois, honoré ou décrié, en fonction de mes résultats. Ou plutôt des nôtres, car je ne ferai pas grand-chose sans l'aide des *ongods*. Plus humble que jamais, habité par le respect que m'inspire la puissance de ces alliés. Huntzuk reprend :

« Je vais t'expliquer. Ce sont les dernières volontés de mon père. Il m'a chargé de garder Hilga vierge de toute fréquentation jusqu'à son mariage, car elle est promise à Gerjik, le chef d'un autre clan. Est-ce que tu comprends ? »

Certes, je comprends. Mais mon cœur l'entend autrement.

---

13. Chaman.

Pierres levées

Besoin de prendre de la distance. La confirmation de l'*ovoo* et les explications de Huntzuk sont arrivées presque en même temps. Et au milieu de ça, Hilga. Désirée corps et âme. Je monte à cheval et m'éloigne du campement au trot. Le soleil est au zénith. Les prairies parsemées de milliers de fleurs jaunes et mauves, d'armoise et d'oignons sauvages font place à de larges steppes à l'herbe rare et aux sols couleur bronze, plus arides et pelés à mesure que je m'approche des montagnes du nord. Bien plus haut, la glaciale Sibérie, berceau du chamanisme.

Seules verticales dans ce territoire de plaines, les énigmatiques pierres de rennes sculptées ou gravées. J'en aperçois une au loin, forme totémique claire et levée. Érigée vers le ciel et les mondes invisibles tel un doigt de géant pointant vers les étoiles, la *bugan chuluu*[14] m'attire comme le buddleia le papillon. Personne alentour. Arzan dévie vers cette érection minérale sans que je ne tire ses rênes. Cent mètres. L'énergie du lieu est telle que je jurerais voir un cercle l'entourer comme une onde circulaire. Cinquante mètres. Les nuages passent et le soleil revient. Cette figure d'élévation contraste de toute sa blancheur avec le sol environnant. Vingt mètres. J'ai l'impression d'entrer sous un dôme. Mon cheval hennit et ralentit le pas. Dix mètres. La pierre paraît soudain plus grande. Elle me dépasse largement. J'entends un cri d'aigle au-dessus de moi. Cinq mètres. Arzan s'arrête net, comme s'il venait de buter contre une paroi. Contrairement à son habitude, il ne se met pas à brouter mais reste tête levée, droit vers le monolithe, comme une aiguille de boussole aimantée par le pôle Nord. Je descends de cheval. L'air est froid et sec, animé par un vent qui, étrangement, va et vient. Moment vide et plein à la fois. Comme si l'espace restait nu mais devenait plus habité d'instant en instant. Des présences se font sentir. Impression que l'on chuchote à mes oreilles. Les gardiens du cercle sont sûrement là, la pierre en est le centre, seul élément visible. Le sacré me presse de me fondre

14. Pierre levée, monolithe ou « pierre de renne ».

en lui. Je sors mon tambour de son sac en tissu et commence à en jouer.

Dong. Dong. Dong dong. Dong dong dong. Dong dong dong dong dong dong dong dong dong dong...

L'aigle descend vers nous et se pose au sommet de la pierre sainte. C'est la première fois que je vois un rapace d'aussi près. Magnétisme. Fil tendu entre Arzan et l'aigle. Je tiens la cadence sur ma percussion en peau de cerf. Semble alors se surimposer la silhouette du vieil homme sur le monolithe, comme si cette grande pierre dressée devenait une porte ouverte sur un autre temps, un autre monde.

Dong dong dong dong dong dong dong dong dong dong dong dong dong dong dong dong dong...

Mon rythme s'accélère. Tout s'obscurcit, je perds pied et mon corps tangue comme une barque dans la tempête. Telle une marionnette dont on couperait les fils, je tombe à terre et lâche la mailloche. Silence total, joue écrasée contre le sol, séparation entre ciel et terre renversée à angle droit, horizon vertical. Je retombe alors en moi-même comme si je glissais dans un corps intérieur, et m'évanouis.

Messagère d'amour

Voyage intérieur. Le lieu paraît le même, mais au lieu d'être sec, il est arboré. Je reconnais la bugan chuluu, *mais ici elle est dressée au centre d'une clairière, et tout autour les sous-bois sont baignés d'une brume en léger mouvement. Les pointes des sapins et des mélèzes émergent du brouillard comme autant de pyramides et de cônes verts ou bruns sentant fort les bourgeons résineux et les conifères. Ce n'est ni le jour ni la nuit, peut-être l'aube ou le crépuscule. La pleine lune baigne d'une lueur argentée la pierre de rennes qui en retour brille subtilement, comme un être vivant rayonnant. La clairière reste vierge de tout brouillard, protégée par un champ de force bleuté dont je comprends qu'il est ici, dans le monde non ordinaire, la forme révélée du dôme dans lequel je me suis senti entrer à cheval alors que j'étais encore dans le monde physique. Je vois l'envers du décor et j'aime cette réalité. Je m'y sens chez moi, depuis toujours.*

Sortent alors du sous-bois plusieurs hommes. Tous en même temps. Je les compte. Ils sont douze. À mesure qu'ils se rapprochent de la bugan chuluu, *je m'aperçois qu'ils se ressemblent au point de pouvoir être confondus. Je suis au centre d'un carrousel qui évoque aussi une galerie de glaces et de miroirs immatériels. Les hommes s'arrêtent après quelques pas, exactement au même moment. Le périmètre de la clairière correspond, ici, au cercle que je croyais voir sur le sol, là-bas, avant de m'évanouir. J'intègre cette perception de l'unité à travers les différentes dimensions de notre univers. Tout s'imbrique et se complète, de la pierre la plus concrète à la ligne la plus abstraite.*

Il me semble alors entendre un son aussi ténu qu'aigu s'approcher, sorte de demi-sifflement à peine audible. Dès l'instant où je me concentre sur lui, il se transforme en un chant aérien, voix de femme entremêlée du souffle d'une flûte. La mélopée se déploie telle une musique des sphères, cristalline et vivante à la fois. Je suis enchanté, littéralement, et pose un genou à terre, pressentant l'arrivée d'une présence féminine, angélique s'il en est. Elle apparaît entre deux arbres, à la lisière de la forêt, nimbée d'une aura mordorée. Jamais encore n'avais-je rencontré de fée.

*

— Hilga s'est promis à toi, et non à un autre.

La fée s'adresse à moi sans prononcer de paroles. Elle dépose ses dires directement dans mon esprit. Son chant a fait naître la clairaudience, et son message me ravit. Mais il contredit ce que je crois savoir, et je ne peux cacher mon étonnement.

— Il se dit le contraire, pourtant.

— Les humains font des choix, les esprits en font d'autres. Parfois...

Je me relève et passe en revue la douzaine d'hommes, tous immobiles comme des stèles. La fée se rapproche et s'arrête face à moi. Son front est diaphane, ses cheveux transparents et irisés. Elle est indescriptible de légèreté, et quand elle bouge, son corps se pare de reflets luminescents. Rarement ai-je observé une telle subtilité. Je m'arrache à cette grâce bien réelle et reprends le fil de mes pensées.

— Est-ce à dire que les esprits en ont décidé ainsi ?

— Pas les esprits, vos esprits...

Je bois sa réponse, musique à mes oreilles et baume en mon cœur.

« ... depuis longtemps déjà. Rien ne saurait défaire votre contrat d'âmes. Ni contrer votre désir d'en jouir. »

— Alors comment faire pour son frère, qui se doit d'honorer les dernières volontés de leur père ?

— Mon message doit te suffire. L'univers pourvoira au reste, et tu n'as ni à comprendre comment, ni à savoir

en quel instant. Tu dois t'allier dès à présent le pouvoir de nouveaux esprits de guérison, encore et toujours plus puissants, car le moment venu, ce sont eux qui agiront et vous secourront. Ainsi, ils aideront votre ligne de temps...

Un autre éden

Le souffle chaud d'Arzan sur mon visage me fait revenir à moi. Ce n'est pas la première fois qu'un cheval m'aide à retourner de ce côté-ci de la réalité. Je m'étire longuement, me frotte les yeux, respire profondément et m'assois quelques instants en tailleur avant de me relever.

Les derniers mots de ma *bouraï eedj*[15] ressurgissent en moi. Ils résonnent d'une portée nouvelle.

« Tu dois savoir ce que tu fais, et dès à présent pourvoir à ce que tu feras. Car tu sais bien qu'ici-bas, Hilga est déjà engagée. »

Maintenant seulement, les nuances de ces deux phrases prennent tout leur sens. Elles me semblent

15. « Maman cheveux blancs », ou grand-mère.

même avoir annoncé les messages de la fée. Sacrée Otharjanat...

Je récolte quelques feuilles d'absinthe qui peuplent les environs, remonte à cheval et prends la direction du campement au trot, sans savoir combien de temps s'est écoulé. Le soleil est proche de l'horizon et mon ombre s'allonge dans les dernières lueurs du jour.

Rattrapé par la subite froideur de ce début de soirée, je serre les talons et lance Arzan au galop. Le sentiment que mon chemin et celui de Hilga sont appelés à faire plus que se croiser me transporte vers un nouvel éden. Mais je suis aussi habité par le conseil avisé qui vient de m'être donné : « ... m'allier dès à présent le pouvoir de nouveaux esprits de guérison, encore et toujours plus puissants... ».

Souffles croisés

Je me réveille avant l'aurore. Le ciel est bleu nuit, et le « chemin blanc du lait[16] » encore brillant. Sauf à l'est où les étoiles disparaissent dans l'aube naissante. Seuls quelques bruits d'animaux ponctuent l'immobilité de l'obscurité glaciale, ici un cheval qui s'ébroue, là un renne qui expire bruyamment. La pleine lune se couche et le soleil s'annonce, teintant d'un rose empourpré les longs nuages accrochés au sommet des montagnes du nord. Assis devant ma tente, les doigts saisis par le froid, je dégourdis mes mains autour d'une tasse de *süütei tsai*[17] bien fumant, et regarde les nuées étirées par le vent évo-

16. La Voie lactée.

17. Thé salé.

luer vers l'orangé du levant. Les premiers rayons de soleil commencent à baigner le paysage d'un or glorieux, qui déjà me réchauffe, au moins intérieurement. Je prends conscience de l'espace, immense, du silence, et de ma chance. Je suis au bon endroit au bon moment. Un sentiment de gratitude débridée monte en moi jusqu'à dilater ma poitrine et mouiller mes yeux. Je ne sais pas si je crois aux dieux, mais je vois les esprits et la magie de la vie. Je relève la tête vers le ciel et le remercie. Encore. Et plus encore. Une larme coule le long de ma joue droite et descend jusqu'à la commissure de mes lèvres. La pointe de ma langue va la chercher et la goûte. Le liquide lacrymal me relie à l'eau salée, la mer, et la Terre-mère. Je ferme les yeux. Gaïa. Planète bleue irriguée tel un ovule astral prêt à recevoir des spermatozoïdes brûlants, étoiles filantes extraterrestres fusant vers notre firmament. Fécondation stellaire, fertilité cosmique. Nous sommes petits et grands, enfants de l'univers et danseurs dans le Tout. J'avale ma salive et rouvre les yeux. De l'autre côté du campement, je la vois. Hilga marche droit sur moi.

La beauté, juste là. Et l'amour en personne. Comment ne pas voir que cette femme est pour moi, et que je suis pour elle. Hilga me sourit sans un mot, et, d'un discret mouvement de tête vers ma tente, m'invite à nous extraire de possibles regards. Elle y entre la première. Je jette un coup d'œil alentour et la suis pour toujours. À l'intérieur, l'air est déjà moins froid, embaumé par quelques branches de genévrier ajoutées aux bûches du poêle central. Le dos de ma désirée est parcouru en son milieu d'une grande tresse qui finit au niveau de ses reins, nouée par une broche ornée de corail. Hilga se retourne et me fait face. Son regard est intense, sa bouche attirante comme un trésor palpitant en secret. Ses lèvres roses restent closes. Sa poitrine anime sa tunique, un *deel*[18] de soie bleue. Je devine ses seins monter et descendre doucement au fil de sa respiration, un peu plus ample à chaque inspiration. Alors sa bouche s'entrouvre imperceptiblement, laissant poindre un souffle ardent. Elle est tout désir. Mes yeux montent le long de ses joues et la rencontrent au fond de ses pupilles. Puis glissent plus bas. Je contemple ses lèvres, délicates et ourlées. Elles s'écartent légèrement, d'un amour grandissant... Divin. Arrêter le temps, jouir de ce moment. De ma vie, je n'ai jamais rien contemplé d'aussi féminin.

Je remonte croiser son regard brillant d'un bleu densifié, puis redescends vers sa bouche qui s'en-

18. Habit traditionnel mongol pour femmes, hommes et enfants, entre le manteau et la robe.

trouvre un peu plus à mesure que je l'observe. Je me hisse de nouveau jusqu'à ses yeux merveilleux. Instant en suspens. Je ne bouge pas, mais j'ai du mal à rester droit, tant les forces qui se meuvent nous célèbrent déjà. Il doit bien faire cinquante degrés. Cette fois, c'est moi qui plonge dans ses bras.

Retraite

Otharjanat m'a transmis les instructions d'une diète pour m'aider à m'allier de nouveaux esprits de guérison. Mais elles seraient trop difficiles à suivre au campement et, pour être respectées, elles m'imposent l'isolement. L'idée de ne plus voir Hilga pendant un temps est pour le moins éprouvante. Mais cette retraite est nécessaire, comme grand-mère l'a dit, et la fée rappelé.

Sans attendre le lever du soleil, j'attache mes baluchons sur Arzan et quitte le camp discrètement. Ce n'est plus la présence de Hilga que je ressens, c'est son absence tout autour de moi. Mais pas en moi, où sa vibration résonne parmi mes fluides et pensées, son odeur cachée dans mon cœur.

Au loin, les contreforts montagneux, et parmi eux ma grotte de prédilection, que j'approche après sept heures de chevauchée, ponctuée par la seule rencontre de quelques acacias de Sibérie. Je termine le trajet à pied, remontant le cours d'une rivière étincelante, les vieilles rênes de cuir d'Arzan dans la main gauche et, dans la droite, un bâton de pèlerin reçu de Oyzun, si patiné qu'il paraît vernissé. Le cours d'eau cristallin danse entre les pierres polies par des millénaires de fonte des neiges. La journée est radieuse, la lumière toujours plus claire à mesure que l'on s'élève. Les végétaux se font rares et les fleurs introuvables. Après deux heures de marche, je passe une cascade vénérée, découverte il y a déjà longtemps avec Otharjanat.

⁕

Un jour de printemps, accompagnant grand-mère en pèlerinage, j'y avais rencontré un vieil ermite solitaire, caché près de la chute d'eau. Il vivait en parfaite harmonie avec un ours brun. L'imposant animal dormait juste devant la cabane du vieillard, un abri de bois fait d'un simple toit posé à même le sol, sans murs ni portants. Otharjanat m'avait surpris en m'apprenant que ce couple homme et ours, certes peu connu, n'était pas si rare sur certains territoires. C'était nouveau pour moi.

— Et cet ours, avait-elle ajouté, est un chaman.

— Un cham... ?

— Tu as bien entendu. Un ours peut être reconnu comme boo *soit à sa fourrure tachetée, soit à une patte atrophiée. Tu as peut-être remarqué que celui-ci cumule ces deux attributs sacrés.*

J'étais subjugué, et passionné à la fois.

— Grand-mère, y a-t-il d'autres animaux qui puissent être chamans ?

— Oui.

— Et... tu vas me dire lesquels ?

— Non.

— Pourquoi ?

— Parce que j'attends de toi une question plus ouverte, m'avait répondu Otharjanat, l'air un brin moqueur.

— Alors y a-t-il des êtres d'autres règnes qui puissent être chamans ?

— Oui.

— De quels règnes ?

— Tous.

— Comment ça, tous ?

— Les règnes que tu vois tout le temps, et ceux que tu ne vois que parfois.

— Humain, animal... et végétal ?

— Oui. Et minéral.

Même minéral... Jusqu'alors, je croyais qu'hommes et femmes chamans étaient les élus de cette pratique, les seuls à œuvrer aux côtés des esprits.

« Mon fils, tout arbre particulier et isolé est un chaman », avait-elle ajouté en riant imperceptiblement avant de reprendre son chemin, me laissant bouche bée devant la cascade, face à une nouvelle conception de l'existence initiée l'air de rien, entre une petite pause et un rire discret.

C'est ainsi que je commençai à regarder les arbres et même les pierres différemment...

⁂

Encore une heure et j'atteins enfin mon lieu de choix, coloré par les lichens rouille et ocre sur les rochers environnants. La grotte, localisable grâce à sa toute petite entrée, m'attend à flanc de montagne, tel un ventre protecteur où retourner grandir à l'abri du monde visible et de ses occupants. J'y décharge mon cheval de son barda et prépare notre campement. M'attendent vingt-huit jours sans manger, dans l'obscurité complète, une fois l'accès à la caverne refermé et mes yeux bandés. C'est une épreuve qui a fait ses preuves.

Se fondre dans le noir.

Ne plus voir pour percevoir.

Percevoir pour savoir.

Savoir pour pouvoir.

Obscurité

Il s'est écoulé une douzaine de jours de jeûne, dans l'obscurité totale, avec pour seule ressource un mois d'eau stockée dans des gourdes en peau de yack. Après des moments de flottement dus à la privation, et d'autres de clarté intérieure grâce à la méditation, je sens mon corps s'affaiblir et devenir de plus en plus sensible au froid extérieur. La température arctique se cumule à l'absence de nourriture et de mouvements revigorants. Je suis enfermé dans une cellule glaciale de silence et d'immobilité où même le cours du temps semble s'être figé en chemin. Encore à peu près deux semaines. Ne pas y penser. Ne pas appréhender. Se concentrer sur l'autohypnose de chaleur intérieure. Se focaliser sur ma respiration rythmique qui souffle sur les braises imaginaires rayonnant du centre de mon bas-ventre. Regagner du terrain sur le climat en contrôlant ma température et en pratiquant le *tummo*[19]. Mais sans manger ni bouger depuis des jours, j'ai parfois l'impression que je vais rester paralysé de froid. Seuls des tas de couvertures en poils de chèvre, l'hypnose et ma discipline me maintiennent réchauffé au long d'une nuit semblant infinie.

C'est alors qu'un dragon violacé apparaît sur le fond noir de mes paupières closes. D'emblée, sa puissance me terrasse. Sa présence envahit l'espace comme un feu de comète surgissant des ténèbres. Sa queue est si forte et incommensurable qu'elle entraîne à sa suite des planètes inconnues. Ondulant entre les astres, l'animal me montre, au travers d'une expiration enflammée, qu'il a toujours été et sera toujours au cœur de notre galaxie. Mais que l'heure est venue pour lui et les siens de réapparaître à certaines personnes, voire à travers certains humains, à mesure que le voile entre les mondes se lève. Que des trésors anciens sont révélés, et des connaissances encore plus anciennes, dont il est le gardien, protégées.

Sa présence est intense et quelque chose d'inquiétant vibre dans l'air.

19. Pratique tantrique combinant respiration, visualisation et récitation pour repousser ses limites de résistance au froid, aussi appelée yoga tibétain de la chaleur intérieure.

Quand elles surgissent de partout. Mes peurs. Peur de faillir, peur de devenir fou. Peur de mourir, de ne pas tenir. Que vais-je devenir ? Que fais-je ici ? La panique me gagne tandis que je crois être allé trop loin. Pour quels bénéfices ai-je quitté la désirée que j'ai mis des années à approcher ? Sera-t-elle encore ouverte à moi quand je reviendrai – si je reviens ? Mon battement de cœur s'accélère. Je vais finir mort ou dément au fond d'une grotte de Mongolie… j'ai fait tout ça pour échouer en chemin. Bientôt, je ne serai plus rien. Qu'un corps froid et décharné mangé par des bêtes sauvages, puni d'avoir toujours voulu aller plus loin. Et cette fois, un cran de trop.

La pression augmente comme si l'on appuyait sur mon corps, des pieds à la tête, de bas en haut, irrémédiablement, et de plus en plus fort. À croire que l'on veut me faire sortir de moi-même par le crâne, presser mon esprit jusqu'à ma fontanelle et l'expulser. Pour affronter la mort. Pour traverser ma mort.

Mais reviendrai-je ici, ou aurai-je basculé de l'autre côté pour l'éternité ? Reverrai-je un jour mon aimée, ou serai-je condamné à errer dans l'au-delà ? Sans même lui avoir dit au revoir ?

Tout à coup la pression gagne en intensité, à la limite du supportable. Mon corps est traversé de spasmes cinglants. Au loin, le dragon se retourne et me fait face. Son expression change et il semble prêt au combat. Sa gueule s'ouvre tandis qu'il passe du violet au rouge, entouré de fumées nauséabondes et soufrées, ses crocs acérés luisant dans le noir. Il se prépare à voler droit sur moi. Comment lutter, qui invoquer ? Je ne fais pas le poids. Il fonce alors sur moi et lance un cri perçant qui me fige sur place. Ma peur devient terreur. Il ouvre grand la gueule et m'engloutit, me plongeant dans une noirceur où je ne perçois plus rien, ni son ni vision. Je tombe dans un trou abyssal. Les ténèbres sont sans limite, et la chute sans fin. Sans doute suis-je en train de partir...

Je m'écrase au sol. Un sol invisible qui semble froid et boueux, lourd et collant. J'ai du mal à bouger. Je pèse une tonne. Je ressens une douleur vive dans tout le corps et suis vidé d'énergie. Suis-je en train d'être digéré par les méandres intérieurs d'un dragon tueur ? Je pense à mes alliés, veux les invoquer. Les prier de m'aider. Mais avant que je puisse tenter le moindre appel au secours, il surgit du néant : un homme à tête de dragon, le regard insondable et la gueule pleine de crocs pointus. Terrifiant de force et de pouvoirs surnaturels.

Fulgurance. J'entrevois Hilga un instant, sur fond de ciel bleu, comme pour lui lancer un adieu depuis l'enfer jusqu'aux cieux. Mais c'est trop tard. L'homme m'attrape les jambes et m'écartèle. Il m'arrache la première, puis la seconde, les jette au sol et me laisse, baignant dans mon sang. Un autre être me saisit par-derrière, sans que je puisse le voir. J'entends deux lames fendre l'air de part et d'autre de mon crâne. Elles me tranchent les bras. Mon corps brûle de souffrance. Je retombe par terre, incapable de mouvement... je ne suis plus qu'un homme-tronc et me vide de mon sang. Plus encore que de douleur, je suis broyé par une peur sans nom. L'homme-dragon le sent et s'approche, toujours plus menaçant. Il s'empare de mes jambes d'un seul mouvement et les dévore à pleines dents, puis envoie voltiger mes os derrière lui. Fémurs et tibias disparaissent dans un fracas osseux, sordide percussion qui fait longtemps écho dans le vide de ce monde lugubre et odieux. Dans mon dos, j'entends qu'on engloutit mes bras. Une mâchoire brise mes os comme si c'était du petit bois. L'homme à tête de dragon se rapproche de moi et saisit ma tête de ses deux mains. Mon cœur va s'arrêter, je vais mourir de peur. D'un coup vif, il m'arrache les oreilles et les avale d'une traite. Puis il m'enserre la gorge d'une main et me fait suffoquer. Je l'implore en pensées d'abréger mes souffrances. Il sourit à ma requête, avec l'air de toucher au but et d'en savourer l'instant. Il resserre lentement son étreinte jusqu'à m'étrangler, l'œil gorgé du plaisir assassin dont le prédateur jouit en achevant sa proie pour la dévorer à sa faim. Son emprise est trop forte. Je ne peux plus respirer. Trop de pression. Ma tête va exploser.

Je lâche prise. J'ignore qui j'étais et ne sais plus qui je suis.

Je meurs à moi-même, et disparais. Dissolution de l'ego. Il n'y a plus de je. *Que le néant...*

*

Combien de temps s'est-il écoulé ?

Je sens mes perceptions se reformer, renaître du vide pour se recomposer. Dans le champ de vision entièrement noir de mes yeux toujours bandés, un minuscule point blanc apparaît. Comme une tête d'épingle, étoile unique dans la nuit noire. Elle se met à grandir tout doucement, telle une luciole en expansion. Je la reconnais. Je me reconnais. C'est mon ego, mort et dissout, qui renaît du néant. Il ne contient rien en lui-même. Comme une goutte de rosée reflétant à sa surface le monde visible qui l'entoure, mon ego émerge d'un océan de vide pour refléter la pointe la plus immédiate de ma conscience. Il reprend sa place sous la vision de mon âme, qui l'a attiré comme on aspirerait une goutte hors de la mer pour la faire changer d'élément. Eau, air, éther... et Terre. Tout simplement. Je reviens de loin, mort et né à nouveau. Au même instant, je redeviens mon esprit et mon corps à la fois.

Comme la première fonte des neiges de printemps qui trouve le lit de rivières asséchées pour les irriguer jusqu'au prochain hiver, je retrouve mon être et m'y glisse avec délice. J'ai la sensation de m'habiter pour la première fois, et j'enfile mon enveloppe terrestre comme un vêtement de plaisir unique, taillé à la perfection. Je me sens bien dans ma chair, et bienvenu chez moi. C'est dans mon corps que je suis attendu. Pour vivre. Encore et toujours plus présent, conscient de ce temple incarné en mouvement, respectueux de cette interface entre mon âme et la jouissance d'être une divine création terrestre. Une formation humaine, d'origine stellaire.

Sérénité des contraires réunifiés, chant des extrêmes entrelacés. Tout est exquis, irremplaçable. Mon souffle, de mon nez à mon ventre, la douceur de ma peau les mains jointes, la tiédeur de ma chair retrouvée... je m'aime comme je ne me suis jamais aimé. Mon cœur est mon meilleur ami, je chéris chacune de mes cellules, comme jamais. Petit et grand à la fois, je m'évanouis en pleine extase, emmené vers d'autres cieux. Et ne fais plus qu'un avec le divin.

*

Je rouvre les yeux dans le noir, frissonne un instant, et m'attelle immédiatement à la visualisation de mon feu intérieur.

Le dragon s'en est allé, et l'homme-dragon aussi. J'inspire profondément des flammes imaginaires, et souffle sur le foyer que je maintiens ardent au centre de mon bas-ventre. Mon brasier s'amplifie, et après plusieurs cycles de respiration dirigée, je n'ai presque plus froid. Alors, j'entends la voix de Otharjanat...

« ... *Tes forces sont à la fois si vastes et si proches de toi que tu peux en être le détenteur impuissant, obnubilé par une quête extérieure quand ta vraie connaissance, reflet de ta magie, demeure au fond de toi.* »

Enfin réchauffé, sans même savoir si c'est le matin ou le soir, je m'endors dans le grand silence noir.

Clarté

Il me faut plusieurs jours pour me réhabituer à la lumière. Mon corps est engourdi et mes membres sont raides. Mes yeux pleurent et mes paupières battent des ailes. Je redescends de la montagne au petit matin, sur Arzan, la tête couverte d'une *chapka*[20] et le cou au chaud dans le col en fourrure de ma *parka*[21]. En traversant une rivière, je croise une femme au visage vibrant de santé, joues sanguines et yeux très vifs. Je m'arrête devant cette vision bien réelle. Elle monte un renne, seule avec deux enfants qu'elle allaite en même temps. Un bébé d'un côté et une toute petite fille de l'autre, les deux marmots

---

20. Chapeau ou bonnet de cuir et de fourrure, traditionnel de Russie et de Mongolie.

21. Veste traditionnelle de Russie et de Mongolie.

entourés de ses bras et les mains resserrées sur les rênes. Pieds nus dans ses étriers, alors que sa monture traverse tranquillement l'eau glacée, tel un défi à quelque étroit préjugé. Vivante apparition de la maternité en pleine nature.

Après une cavalcade dans la vallée, je ralentis près d'un groupe de femmes. Elles coupent des tiges à la faucille, à proximité de leurs *urtz*[22], trois tipis dressés en triangle. Elles sont une dizaine à récolter les épis parmi les blés. À leur seule vue, une émotion m'étreint le poitrail... L'idée de revoir Hilga. Alors que je vais les dépasser, un des chiens qui jouent parmi la meute la quitte et calque tout naturellement son pas sur celui d'Arzan, à côté de ses sabots.

Je m'arrête, interroge les femmes d'un geste de la main en pointant du doigt le jeune canidé à mes pieds, qui me regarde paupières levées et oreilles dressées. Il est maigre, à longs poils écrus, ce que je n'ai jamais vu en Mongolie. Il me rappelle un chien des Abruzzes, un berger de Maremme. L'une d'elles répond en riant que je peux le garder : son fils a trouvé le chien ce matin même. Je demande son nom. C'est l'enfant qui l'a baptisé... Il l'a appelé Dragon.

---

22. Tipi, tente de forme conique, moins large et plus haute qu'une *ger*.

Tabac et vodka

— Entre, mon petit !

Dès mon retour, grand-mère m'a convoqué dans sa *ger*. Je n'ai même pas eu le temps de revoir Hilga. Assise sur une pile de tapis près de son poêle, Otharjanat m'accueille à bras ouverts. L'œil pétillant et la mine réjouie, elle caresse de la main gauche un tambour hexagonal que je n'ai jamais vu. Un dragon rouge est dessiné sur sa peau écrue. Seconde confirmation, plus la peine de me demander si je dois me fier à ma vision du dragon.

De sa main droite, grand-mère tapote un coussin, m'invitant à m'asseoir près d'elle. Je prends place, et lui donne du tabac brun fermenté et de la vodka artisanale qui rejoindront d'autres offrandes aux esprits, lors de prochaines cérémonies. Elle joint les mains en signe de prière, et me remercie de l'avoir retrouvée chez elle.

« Les *ongods* me l'ont dit. »

— Que t'ont-ils dit, grand-mère ?

Otharjanat me regarde, ébahie, comme si je lui avais posé la question la plus absurde de sa vie.

— Que tu auras une fille. Douce comme la soie, et qu'elle sera une bonne chamane. Elle aura le sang de la terre et l'esprit du ciel. *Ma* petite-fille.

— Avec qui ?

Grand-mère me toise, à nouveau stupéfaite, puis éclate de rire si fort qu'elle en a du mal à reprendre son souffle.

« Avec Hilga ? »

Elle me flanque sur l'épaule une tape qui me fait presque vaciller. J'ignore d'où elle tire tant d'énergie.

— Avec qui d'autre mon petit, une jument ? Ou une oie sauvage peut-être ?

Et ce disant, Otharjanat s'esclaffe de plus belle, se tapant bruyamment les cuisses pendant qu'elle oscille d'avant en arrière, riant à gorge déployée.

« Ce que vous êtes drôles, vous autres ! Un dieu serait devant vous que vous demanderiez encore s'il est… "scientifiquement prouvé". »

Sur ce, elle hurle d'un rire qui semble interminable, en se frottant les yeux, humides de larmes et rosis comme des pétales de fleurs de pavot. Je ne l'ai jamais vue dans cet état, et me demande ce qu'elle a. Grand-mère se lève et repositionne au millimètre près un archet sur son *morin khuur*[23]. Quand, d'un coup, elle s'arrête. Comme si elle ne pouvait plus bouger, elle tourne imperceptiblement la tête vers moi. Son regard est devenu sombre, insaisissable. D'un instant à l'autre, je la reconnais à peine, et cette bascule énergétique me glacerait presque. La réalité me paraît soudain modifiée. Les contours de la tente ne sont plus exactement circulaires, mais comme distordus, les perspectives sont renforcées et la luminosité semble diminuée. Alors que la vièle et la vieille femme, elles, paraissent briller.

« Va, maintenant. Pratique toujours plus, et plus souvent. Il y va de la survie spirituelle de ma lignée. Donc de *nos* descendants, tu comprends ? Tu sais que je n'ai pas d'enfants. Et pour ce qui t'attend, il ne te reste plus beaucoup de temps. »

---

23. Vièle avec crosse à tête de cheval.

Divination

Je ressors de la yourte, habité par les mots de Otharjanat que je me répète pour être sûr de ne pas les déformer. Le jour touche à sa fin. Dragon m'a attendu à la porte et me suit comme mon ombre. Nous marchons vers ma tente où j'aperçois Tsenek, qui patiente en fumant une cigarette de molène.

— Bon retour, grand frère ! Tu n'as pas grossi à ce que je vois.

— Bonsoir, Tsenek. Non... ce sont les charmes de la haute gastronomie.

— De la haute quoi ?

— Les bénéfices de la cuisine d'altitude.

Tsenek fronce les sourcils, pas certain d'avoir cerné mes propos.

— Il faut que je te dise, grand frère. On parle de toi dans la tribu. De vous. Huntzuk est reparti en chasse pour quelques jours mais on sait tous qu'une fois rentré, il voudra s'expliquer avec toi. Car on dit que, il y a une lune, il t'a confié ses obligations et que tu ne l'as pas écouté. Ou plutôt, que tu n'as pas entendu les dernières volontés de son père. Hilga a même repassé du temps avec toi, ce qui l'a mis hors de lui. Ce n'est pas qu'il ne te respecte pas, mais il a l'impression de faillir à son devoir. Et il veut corriger ça. Il y va de son honneur. Tu comprends ?

— Je comprends, Tsenek, merci. Mais maintenant, je dois chamaniser. Demander au-dedans ce qu'en pensent les esprits.

Approcher la *ger* de la famille de Hilga serait vu comme une provocation. Je m'en retourne dans ma tente, transpercé par le manque après ces quatre semaines en solitaire, écartelé par l'envie de répondre à l'appel de la chair, des yeux et surtout du cœur. Mais poussé par l'injonction de Otharjanat, je me sens intrigué de savoir comment l'au-delà voit tout cela. Dragon me suit où que j'aille, comme un égaré fraîchement adopté remuant la queue en quête d'affection, et finit par se coucher près du poêle. Comme moi ces derniers jours, il n'a que la peau sur les os et peu de gras pour lui tenir chaud.

J'allume une bougie, fais brûler de l'encens, et ouvre mon coffre pour en extraire plusieurs attributs reçus de grand-mère, il y a déjà longtemps. Un vieux tissu de Sibérie, deux coupelles rituelles, dix osselets de mouton et sept coquillages nacrés. Je m'assois dos à la porte et dispose mon attirail sur un petit plateau de bois laqué, empoigne mon tambour, le chauffe près du poêle pour en retendre la peau, le passe et repasse dans les volutes parfumées d'un encens purifiant, et me bande les yeux. Je remercie d'avance mes guides et alliés pour leur clairvoyance avisée et leur force en chemin. Puis je commence à battre de l'instrument, l'oreille gauche presque collée contre lui. Je serai bientôt prêt à recevoir images et présages.

En vision intérieure, une des deux bougies s'éteint. Celle de droite. Apparition immédiate d'un homme qui boite. Un air froid souffle dans la yourte. Je ne comprends pas d'où il peut venir. Soudain cela sent l'os et le calcaire, le champignon mélangé à la craie. Entre deux pans de la toile de tente, côté nord, un serpent verdâtre m'apparaît. J'ai toujours les yeux bandés mais, dans mon espace mental, je le vois s'animer. Pas au sol comme un serpent physique, plutôt comme une corde tressée, sorte d'ombre chinoise déployée en volume. Il se tient vertical, issu de la jointure entre les deux toiles encadrées qui me tiennent lieu de paravent. Il est entrelacé à leur charnière. Je respire, il serpente. Je tambourine, il siffle. Je ne sais pas d'où il vient, mais il est familier, un peu comme s'il appartenait au lieu, voire à la tribu. Et il veut s'exprimer, demander quelque chose. Tout à coup, le sol semble pencher. J'ai presque du mal à rester droit. J'inspire et me centre, il ondule et chante. Un chant froid, de douleur et de cassure. Un trauma qui déchire, un impact qui blesse. Il s'arrête. Transmission. Image d'un os brisé, ou déplacé. Réapparaît la silhouette de l'homme boitant. Coincé entre deux pans immatériels, il a besoin de moi et ne peut plus bouger. J'hésite. Il m'appelle à l'aide. Est-ce un piège, ou le bon choix pour moi ?

La réalité bascule, plus rien n'est normal. Toute ma tente est écaillée, une matrice est là et elle a le sang froid. Je n'ai pas peur, je connais la terreur. Au pire, je vais vomir, et croire mourir. J'en sortirai grandi. Une fois deux fois mille fois, je saurai m'en extraire. Nous saurons en sortir, et toujours revenir. Je siffle comme un oiseau. Puis vois mes osselets. Mes ancêtres s'annoncent. Ils vont m'aider à décrypter cette vision.

Par leur voix, j'entends le mot « compassion ». Puis je le vois apparaître en toutes lettres. Mes sept coquillages émergent du noir et viennent se placer derrière les sept derniers caractères qu'ils rendent à leur tour nacrés... « passion ». J'arrête de battre du tambour, mes mains sont attirées par un double mouvement.

Je sens la gauche se mettre à plat, paume à terre et doigts recourbés, comme si elle voulait s'enraciner dans le sol. La droite se tend dans le vide, pour donner la main au boiteux. Les dix lettres du mot compassion s'animent, comme éclairées. Elles deviennent portées par mes dix osselets, tandis que les sept dernières lettres se dédoublent et lévitent, chacune soutenue par son coquillage. Mon grand-père maternel, biologique celui-là, m'apparaît tel un fantôme. Il semble solennel et heureux à la fois, alors qu'il vient me chuchoter à l'oreille.

— Ta compassion vous permettra de vivre votre passion.

Instantanément, je me sens plus léger, mais aussi renforcé.

Lâcher prise

La vague a été forte. Quel serait mon contrôle face aux mondes des esprits tant l'espace y est mouvant... Comme une onde de choc après cette divination, des vaguelettes vocales se déploient à présent dans le sillage de ce moment profond. Ce qu'elles ont à me dire me surprend.

— *Lâche prise. Et si tu veux prier, alors oui, vibre et imagine, prie et apprécie, mais sans attachement. Lâche prise. Tu ne sais rien, n'y es pour rien. Tu es un canal, et dois devenir toujours plus juste. Mène ta barque avec nous, mais laisse-nous conduire. Sinon viendra le temps où tu ne seras que tourment.*

Que faire, à part se rendre ?

« *Nous orchestrons ce qui nous incombe et doit correspondre. Reste juste, aligné, pour ne rien déformer.* »

Et tout se calme enfin. Je retire le foulard de mes yeux. Là où je voyais la terre trembler, je vois Dragon dormir. Là où je sentais des mondes frémir, je vois une volute de fumée. Les esprits du présage. Partis comme ils sont venus, si forts et rapides à la fois. Ils jouent à surgir de lieux de mémoires vives encore inexplorés. Je baisse la tête, le front en sueur, humble et dépassé, heureux d'être connecté. Une goutte de transpiration tombe sous mon regard dans l'un des sept ormeaux nacrés. Je l'interroge à son tour, car il vient de briller. Pour me dire quoi ? Rien. Muet. *Nada*. Le vide est le message, le silence est le sens. Tout ici me dit que je n'ai rien à inventer, ni même à intenter. Et surtout rien à forcer. Qu'à être. Arrivera ce qui doit arriver, pour Hilga et pour moi. L'accepter sans lutter. C'est étrange, car je suis à la fois porté par mille feux et prêt à tout faire pour convaincre Huntzuk que cet engagement de mariage n'est pas juste. Qu'il appelle un changement, pour Hilga comme Gerjik. Mais le message a été clair. Ne rien faire, et laisser faire.

Alors je bourre une pipe en bois d'un rare mélange d'herbes sauvages, et ressors de ma yourte suivi par Dragon qui ne me quitte pas. Assis sur une botte de foin, je remarque un couple de grues volant de concert dans la nuit, et contemple la clarté de la Voie lactée. Je fume en silence, jusqu'à voir deux étoiles filantes se suivre à quelques secondes près. Amoureux transi, je nous retrouve Hilga et moi dans le couple d'oiseaux comme dans la paire de météores, puis tombe endormi au beau milieu de la nuit, le corps froid mais le cœur bouillant d'amour en suspens. En rêve, j'entends Hilga chanter :

Ô Tengri[24]*,*
Ô grand ciel bleu !
C'est de toi que tout vient,
En toi que tout retournera...

24. Ou *Tänggiri* : Grand Ciel, Grand Tout, et résidence des esprits.

Le loup

Fin de matinée. Chaleur d'un unique regard dérobé en secret, alors que j'aperçois Hilga de loin, qui se retourne aussitôt et me voit également tandis qu'elle apprend aux plus jeunes à transformer des grains d'orge, moulin en main et chant de circonstance. Elle est si belle que tout semble s'arrêter. Ses yeux volent jusqu'à moi et, malgré la distance, viennent me sonder. Rayonnante, Hilga sourit dans le vent et le soleil, au milieu d'une nuée de jeunes filles affairées, l'une maniant un pilon, l'autre enserrant un mortier. J'ai envie de hurler son nom. Mais c'est le cri de Tsenek qui nous arrache à la contemplation.

— Hilga !

Je le vois débouler à toutes jambes et piler net devant elle.

« Hilga, la chasse a mal tourné ! Un loup a attaqué Huntzuk ! Il est tombé de cheval et ne peut plus bouger. Roudjik est rentré aussi vite qu'il l'a pu pour nous demander d'aller le secourir. »

Hilga me lance un regard alarmé. J'arrive jusqu'à Tsenek.

— Où est Huntzuk ?

Tsenek se retourne, surpris de me trouver déjà là.

— Au grand lac, près des pierres de rennes !

Je me rue vers l'enclos sans prendre le temps d'ouvrir le portail et l'escalade pour bondir sur Arzan. Le cheval a compris et se lance au galop, saute la barricade et, toutes brides abattues, nous propulse de l'avant. Je sens s'ouvrir une porte dans mon propre destin, une croisée fertile qui s'ouvre sur deux chemins de vie. Voire trois.

Chasseur de cornes

À peine arrivé près de l'étendue d'eau, je vois son corps coincé entre deux monticules de pierres. Son cheval s'est enfui, Huntzuk est seul et il crie de douleur. Il n'est pas mordu, ne saigne pas, mais il souffre et garde une main au-dessus du genou gauche. Son tibia paraît tellement désaxé que j'ai d'abord du mal à comprendre dans quel sens son membre est déplacé. Il fait des mouvements incessants de la tête ; en panique, il a le souffle court, et redoute certainement le retour de la bête.

— Ils étaient deux !

— Calme-toi, tu n'es plus seul maintenant. Respire. Ils ne vont pas revenir.

— Non, tu ne comprends pas ! Ils étaient deux ! Un loup... et un homme à tête de loup !

Je ne fais pas trop attention aux paroles de Huntzuk, que j'attribue au contrecoup de l'attaque, et tente avant tout de le calmer. Huntzuk s'épuise et manque d'air, contracté dans tout son corps comme celui qui a cru « devenir ciel[25] » et rejoindre les ancêtres, comme disent les Mongols. Il est en état de choc, les nerfs noués, il faut d'abord le calmer.

— Respire profondément.

Il me regarde comme si j'étais fou et ne le voyais pas souffrir. Je m'agenouille à ses côtés.

« Respire plus doucement sinon on ne va pas y arriver. »

Je lui prends les mains, les joins dans les miennes, et souffle dessus pour l'attirer dans mon sillage.

« Regarde le ciel en inspirant, regarde le ciel en expirant... »

Huntzuk commence à trouver un rythme moins chaotique et cesse de s'agiter. Il fixe sa jambe pour tenter de comprendre sa blessure.

« Ne pense pas à la douleur, reste les yeux dans le ciel, et respire toujours plus calmement. »

Il relève la tête vers le zénith et se force à ralentir la cadence. Les mouvements de sa cage thoracique sont amples et plus tranquilles. Je commence

25. Mourir.

à sentir la connexion s'établir. Encore quelques minutes et nous respirons de concert. Alors, c'est comme si je le tenais sur moi, puis le clippais en moi. Je me sens soudain plus lourd, mais son énergie m'est ouverte, et je prends le volant. À mon tour, je respire encore plus profondément, et cesse de le regarder pour fermer les yeux et m'ouvrir aux mondes des esprits. En silence, je prie.

« *Vous qui êtes la guérison, merci de venir m'assister, merci de descendre nous aider.* »

Je sens un mouvement dans ses mains. Je rouvre les yeux. Huntzuk me dévisage, éberlué. Il parvient à prononcer quelques mots.

— Ne vas-tu pas faire quelque chose ?

Je ne lui réponds pas, referme les yeux et continue de prier intérieurement, comme Otharjanat me l'a appris.

« *Huntzuk est un chasseur de cornes, aujourd'hui il s'est fait attaquer. Il ne peut plus bouger, mais je dois le ramener.* »

Huntzuk s'impatiente et me presse les mains.

— Mais pourquoi ne fais-tu rien ?!

Il fait partie de ceux, nombreux, qui ont besoin de voir pour croire, et non de ceux, bienheureux, qui n'ont qu'à croire pour voir.

« Réponds-moi ! »

Huntzuk se crispe tant et plus, et compromet la connexion. Le premier mot de la divination me revient soudain. « Compassion. »

Alors, pour lui donner un signe plus tangible de mon action, et de l'aide demandée, je recommence à prier, mais à voix haute.

« Apaisez sa souffrance, vous qui savez guérir. Retirez sa douleur, vous qui voyez son heurt. »

Huntzuk se décrispe un peu, mais ça n'est pas suffisant. Pour renforcer ma demande, je me mets à la chanter.

« Apaisez sa souffrance, vous qui savez guérir… Retirez sa douleur, vous qui voyez son heurt… »

Comme un petit enfant que l'on commence à bercer, Huntzuk se relâche, soupire et se laisse reposer. Le soin va pouvoir commencer.

Oracle

Le vent se lève et forcit. J'y vois un signe des esprits et me sens immédiatement traversé, investi et puissant. Je m'apprête à prendre les choses en mains, lâche celles de Huntzuk et commence à remonter sa jambe de pantalon gauche pour voir où le bât blesse. Je lui découvre un tatouage, un serpent verdâtre. Se surimpose en mémoire celui de ma divination, et je comprends. Ma perception d'un homme boitant annonçait qu'un des nôtres serait blessé à la jambe. Et le serpent verdâtre demandant de l'aide pour s'en sortir le personnifiait lui aussi. Tout était déjà là, dans cette vision qui était aussi prémonition.

À peine arrivé à la moitié de son tibia, je ne me sens pas bien. Non pas à cause de lui, mais de ce que je suis en train de faire. Les phrases de l'oracle résonnent alors en moi.

« Lâche prise. Tu ne sais rien, n'y es pour rien. Mène ta barque avec nous, mais laisse-nous conduire. » Mon ego doit donc disparaître, comme pendant la diète d'obscurité où je me suis fait démembrer puis dévorer, avant de renaître.

Je redescends sa jambe de pantalon, et inspire à fond. Referme les yeux, et me laisse guider. Main gauche à terre, paume droite levée. Puis mon index droit vient effleurer sa jambe, à peine la toucher, juste sur le genou. Prier, me laisser traverser. Flash intérieur, telle une petite ampoule qui surchauffe puis explose. Je vois Hilga, comme si elle était là. Elle prie, m'accompagne et me remercie. Étrangement, son visage se transforme en celui d'une vieille femme coiffée d'un masque hérissé de plumes d'aigle, plus présente que si elle était dans cette réalité. Elle hoche la tête, approuvant ma démarche. Sous mon index, je sens Huntzuk se convulser. Un spasme, puis un autre. Je rouvre les yeux, et malgré moi découvre que mes mains sont aimantées. Elles s'animent sans que j'aie à y penser et se positionnent à quelques centimètres de son genou, sans le toucher. Je ne suis que spectateur, bien qu'acteur à la fois. Mais avant même de laisser mes mains l'approcher davantage, je sens entre elles une violente bourrasque, puis entends un bruit sourd et osseux, comme un plot mâle qui s'emboîte dans une prise femelle en la forçant un peu. J'observe Huntzuk se convulser, crier un court instant seulement, les yeux fermés, puis les rouvrir en me dévisageant, comme libéré. Je ne l'ai même pas touché. L'instant d'après, il tente un mouvement, lève la jambe gauche et la replie. Facilement, comme si de rien n'était. Il n'a plus le moindre mal, son articulation est remise en place.

Huntzuk pousse un hurlement de victoire démultiplié en écho sur le lac bleu turquoise et les collines environnantes. Il me sourit tel un miraculé, les pupilles dilatées... son expression est belle à voir. Ses yeux, trempés de pleurs de douleur, accueillent maintenant des larmes de gratitude. Il m'empoigne les mains en me remerciant encore et encore. J'avale ma salive, avant de lui citer l'oracle.

« Je n'y suis pour rien. Je suis juste un canal... »

Guérison

Nous rentrons promptement au campement, Huntzuk assis derrière moi sur Arzan. Toute la tribu ou presque nous accueille, Dragon en première ligne, qui aboie et bat de la queue comme un métronome au rythme d'un twist survolté. Je ne vois pas Hilga. Otharjanat sourit, mais pas comme les autres membres du clan, tous soulagés de voir notre chasseur clé leur revenir sain et sauf. Grand-mère arbore l'expression satisfaite de celle qui voit les choses bien tourner, y compris pour ses visées les plus secrètes.

Huntzuk descend d'Arzan le premier. Les sourcils relevés, Roudjik le regarde marcher, aussi ébahi qu'incrédule. Il y a deux heures à peine, pour venir nous prévenir il l'avait laissé seul, immobilisé et perclus de souffrance.

— Mais... comment... ? Je l'ai vu, de mes propres yeux, se tordre de douleur il y a à peine deux heures, la jambe en escalier !

Huntzuk se tourne vers moi et me désigne de la main, en inclinant la tête en signe de reconnaissance.

— Notre chaman à peau de lièvre[26] a fait un miracle. Et prouvé ses pouvoirs.

Je descends à mon tour d'Arzan, passe les rênes à Tsenek et marche jusqu'à Otharjanat. Mais alors que je vais la remercier, pour sa présence infaillible comme pour celle des esprits sans lesquels la guérison ne se serait pas passée de la même façon, je croise son regard. Et vois qu'elle sait déjà.

— Grand-mère...

— Tout est juste, mon fils. Tu as bien pratiqué et les *ongods* t'ont entendu. Tu as aussi su t'écarter, et laisser ton être devenir l'instrument de ce jeu mystérieux. C'est un art où rien n'arrive par hasard. Surtout pas une attaque d'homme-loup, ajoute-t-elle à voix basse, un éclair de malice dans l'œil...

« Un autre que toi aurait pu profiter de la situation pour laisser son ennemi potentiel en mauvaise posture. Ou aggraver son cas par un geste inapproprié, une action erronée. Mais pas toi, et ça, je le savais. Aujourd'hui, tu as gagné la pleine confiance de la

26. Jeune chaman.

tribu. Et pour toujours l'aval de Huntzuk. C'est la récompense de cette danse. Et pour moi aussi, ses conséquences seront d'importance. »

Alors, elle se penche vers moi et me murmure à l'oreille.

« J'ai plus d'un tour dans mon sac, n'est-ce pas ? »

Sur ce, elle se redresse et me regarde au fond des yeux.

« Et plus d'un animal sous ma cape... »

Je me sens pénétré par sa clairvoyance et son pouvoir. Grand-mère se cite alors elle-même, comme si elle déclenchait en moi, par le pouvoir magique de sa scansion, une réalisation pour laquelle je suis devenu mûr :

« ... Afin de vraiment me *voir*. Et te connaître. »

L'ombre d'un instant, je vois se refléter sur son iris le vieil homme de mes visions.

« Enfin, te *reconnaître...* »

Elle ajoute alors en chuchotant :

« C'est toi que tu vois là, mon fils. Le vieux maître est toi-même dans l'avenir, au-delà de cette vie, de cette dimension. Et il revient ici pour t'enseigner, pour te guider. Hors d'âge, il te connaît au-delà de l'instant présent. Il est ton meilleur allié et, mieux que personne, il te sent à tout moment. Il est ton devenir, et dans ton entendement, pour toi il remonte le temps. »

Une image de poupées russes me traverse, démultipliées de l'infiniment petit à l'infiniment grand, et réciproquement. Sensation de vertige. Le futur pourrait influencer le présent...

« Est-ce que tu comprends maintenant ? »

— Quoi, grand-mère ?

Otharjanat me prend à l'écart et me parle encore plus bas.

— Ici comme ailleurs, au-delà de tes incarnations et des lignes du temps...

Elle soupire profondément.

« ... tu es ton propre maître. »

Ses mots s'impriment en moi comme une passation de pouvoir, et cette phrase pourtant connue prend une tout autre portée, au-delà de la trame du temps et de son illusion. Tout me paraît possible. J'acquiesce en silence d'un sourire habité. Otharjanat me donne une tape et me secoue l'épaule gauche.

« Grâce à la compassion que tu viens de montrer, Hilga et toi pourrez désormais vivre votre passion. »

Je crois entendre les paroles de mon grand-père maternel, tel qu'il m'est apparu, fantomatique, au milieu de la divination.

« Et maintenant, mouton ! » lance-t-elle joyeusement à l'assemblée. Ce disant, elle éclate de rire. Immédiatement, les membres du clan se dispersent et s'affairent pour préparer un grand brasier.

J'entends grossir le feu de camp et crépiter le surplus de bois qu'on y jette en abondance.

Huntzuk semble hésiter à dire ou faire quelque chose. Il a les sourcils froncés, et le regard perdu entre ses pieds. Il relève la tête vers le ciel et voit un faucon planer juste au-dessus de nous. Le *shaheen* était l'un des animaux de prédilection de Tahor. D'un geste aussi entendu qu'accueillant, il pointe alors d'une main ouverte la direction de sa *ger*, les doigts écartés, comme on invite un hôte à recevoir l'hospitalité. Puis il s'éloigne dans la direction opposée, « réparé », comme on dit ici. Il est maintenant libéré des dernières volontés de son père, grâce à la démonstration des pouvoirs qui viennent de le sauver. Dans cette tradition, la guérison l'emporte sur toute intention passée.

Une seule chose compte à présent pour moi, revoir Hilga.

Prière

Je toque à sa porte mais n'entends rien en retour. Je frappe une seconde fois.

— Entrez.

La voix de Hilga paraît distante, mais c'est déjà une bouffée de chaleur de l'entendre. J'inspire un peu d'air frais avant de pousser le battant, et pénètre dans la yourte plongée dans une semi-pénombre. Mes yeux prennent un moment pour s'y habituer. Hilga me tourne le dos, en train de prier à genoux devant son *altar*[27], centré autour d'un mandala orné d'offrandes, encadré par deux petites lampes à huile allumées. Portée par sa récitation, elle égrène un mâlâ entre ses doigts et répète inlassablement un

27. Autel rituel regroupant offrandes dédiées aux esprits ou aux divinités.

mantra. Je patiente en silence, et remarque une tache de naissance sur son poignet droit, de la forme d'une griffe ou d'une canine, couleur lie-de-vin. Cette image se grave en moi, sans que je sache pourquoi. J'ai une sensation étrange... *se souvenir du futur*. Le ton de Hilga est animé, comme si elle devait persuader les entités de l'invisible par la seule force de son incantation. J'attends encore, heureux de pouvoir la contempler en silence, elle dont le timbre ferait chanter l'obscurité.

Tout à coup, Hilga s'arrête en plein milieu d'un mot. Elle tourne brusquement la tête et me découvre, debout à quelques mètres d'elle. Avant que j'aie le temps de lui dire bonsoir, elle bondit vers moi et se jette dans mes bras. Je tombe en arrière, renversé par sa sauvage beauté. Nos lèvres ne s'étaient encore jamais rencontrées.

Fusion

C'est la nouvelle lune qui, de son fin croissant, apostrophe le ciel clair d'une longue nuit d'hiver. Hilga entre chez moi et referme la porte derrière elle. L'intérieur de ma tente est éclairé par quelques bougies de cire d'abeille, baigné d'une lueur tamisée qui sent la propolis et le miel. Je suis debout près de mon *altar* et me tourne pour lui faire face. Elle me regarde droit dans les yeux. Elle marche alors lentement vers moi, mesurant chacun de ses pas. Mon cœur se dilate sous son avancée. Trois mètres nous séparent. Elle inspire. Deux mètres. Elle fait encore un pas et s'arrête à un mètre de moi, belle et solennelle. Son regard est plus concentré que jamais, ouvert et intense à la fois, à la lisière d'un dernier pas. Mes yeux parcourent son visage, son cou et ses épaules. Cachée sous sa tunique, sa poitrine m'appelle. Je fais un pas vers elle. Je peux maintenant sentir le souffle de sa bouche qui approche de la mienne. Ses lèvres m'attirent sans merci. Je me penche, nos lèvres s'effleurent. Caresses aériennes de deux bouches qui s'aiment. Je me rapproche encore, sens son corps épouser le mien, du front jusqu'aux cuisses. Au rythme de sa respiration qui s'amplifie, ses seins se pressent davantage contre mon buste heureux. Mon cœur bat si fort que je l'entends tambouriner entre mes tempes. Nos bouches humides s'entrouvrent, ma langue rencontre la douceur de la sienne. Nos lèvres s'écartent en une pulsion de fusion. Ses mains parcourent mon dos et me serrent contre elle. Je l'enlace plus fort, atteins ses reins et rapproche nos hanches. Je sens le battement de son cœur pulser dans son ventre. Nos corps brûlent et les frontières s'estompent. Nos *deels* sont défaits et nos peaux se découvrent, assoiffées l'une de l'autre en tout point de leur être. Hilga se laisse glisser jusqu'à ma couche et m'entraîne avec elle. Je retrouve sa bouche. Ses seins sont bombés, dômes enchanteurs aux pointes dressées. Je les bois et les baise de mes lèvres échauffées. Sa poitrine monte et descend telle une houle d'amour, mouillée par ma salive, rougie par mes baisers. Nos ventres s'aimantent et leur chaleur fait corps. Ses jambes s'entremêlent aux miennes, et son bas-ventre nous met en feu au fil d'extases partagées. Son sexe est humide et si chaud que je m'y confonds, mon être s'y dissout...

Pour la première fois depuis longtemps, cette nuit je ne rêverai pas seul.

Épilogue

Un an plus tard.

Notre fille a un mois. Elle dort à nos côtés, nimbée d'une odeur de peau tiède et lactée qui ferait fondre même un glacier. Elle s'appelle Seta, elle est « douce comme la soie ». La descendance spirituelle de la lignée de Otharjanat est incarnée.

Je suis devenu un chaman à écorce de bouleau[28]. Et j'ai trouvé ma vraie maison.

Le cœur est ma demeure...

28. Chaman mature.

ANNEXES

Personnages, animaux et esprits

Personnages

Gerjik, chef d'un autre clan, à qui Hilga a été promise en mariage par son père Tahor

Hilga, fille de Tahor et sœur de Huntzuk

Huntzuk, chasseur et lutteur, fils de Tahor et frère de Hilga

Le narrateur, Occidental apprenti chaman, petit-fils adoptif et fils spirituel de Otharjanat

Otharjanat, doyenne et chamane du clan, grand-mère adoptive et mère spirituelle du narrateur

Oyzun, mari de Otharjanat

Roudjik, pêcheur et ami de Huntzuk

Séda, mère du narrateur

Tahor, père décédé de Hilga et Huntzuk
Tsenek, berger et ami du narrateur

Animaux

Arzan, cheval grège
Dragon, chien-berger
Shaheen, faucon blanc

Esprits

Le dragon de la grotte de diète et retraite d'obscurité
La fée et les douze gardiens de la pierre levée
Le vieux sage de la rivière
Tengri, ou **Tänggiri**, en Mongolie, le Grand Tout, et la résidence des esprits

Glossaire

Aïrak : lait de jument fermenté

Altar : autel rituel regroupant des offrandes dédiées aux esprits ou aux divinités

Argol : crottin des troupeaux utilisé séché comme combustible pour le feu

Arnoul : fromage séché

Boo : chaman de sexe masculin

Bouraï eedj : « maman cheveux blancs », ou grand-mère

Bugan chuluu : pierre levée, monolithe ou « pierre de renne »

Buuh : descente de pouvoir sur soi

Chaman : homme ou femme qui voyage entre le monde ordinaire et le monde des esprits, rapporte depuis les dimensions invisibles des réponses et des énergies de réparation

Chaman à écorce de bouleau : chaman mature

Chaman à peau de lièvre : jeune chaman

Chaman à cheval : chaman confirmé qui a pris l'habit et sait manier le tambour en plus de la guimbarde

Chaman à pied : chaman novice qui utilise la guimbarde

Chapka : chapeau ou bonnet de cuir et de fourrure, traditionnel de Russie et de Mongolie

Chemin blanc du lait : la Voie lactée

Chömij : chant de gorge diphonique

Clou d'or : l'étoile Polaire

Datcha : cabane ou maisonnette en bois, traditionnelle de Russie

Deel : habit traditionnel mongol pour femmes, hommes et enfants, entre le manteau et la robe

Devenir ciel : mourir, rejoindre les ancêtres

Ger : tente mongole circulaire, équivalente à la yourte russe, plus large et moins haute qu'un *urtz*

Gol, ou ***axis mundi*** : axe du monde métaphorique, qui relie tous les mondes spirituels

Gouriltaï : soupe de nouilles à la viande

Guimbarde, ou ***huur*** : instrument de musique de bouche, lamellophone souvent en métal, à languette vibrante

Khadags : écharpes de soie colorées et traditionnellement nouées aux arbres en vue de prières et de cérémonies

Koumis : lait de jument fermenté

Mâlâ : guirlande ou chapelet utilisé pour la récitation des mantras

Mantra : formule sacrée, invocation, ou phrase dotée d'un pouvoir spirituel

Morin Khuur : vièle avec crosse à tête de cheval

Ongod : esprit

Orba : mailloche ou bâton, objet de pouvoir rituel du chaman

Ovoo : cercle cérémoniel

Parka : veste traditionnelle de Russie et de Mongolie

Pays des mille lacs : Mongolie

Süütei tsai : thé salé

Tengri, ou ***Tänggiri*** : en langue mongole, le Grand Ciel

Toli : disque de protection en métal, monté en pendentif

Toono, ou **fenêtre du ciel** : trou à fumée de la *ger*

Tsaabuuk : renne, animal de la famille des cervidés, en Mongolie souvent monté comme un cheval

Tsaatans : peuple nomade de Mongolie et derniers éleveurs de rennes

Tummo : pratique tantrique combinant respiration, visualisation et récitation pour repousser ses limites de résistance au froid, aussi appelée yoga tibétain de la chaleur intérieure

Tushee : assistant répondant aux besoins du chaman pendant les rituels et cérémonies

Tuva : ethnie vivant en Sibérie, à la limite de la Mongolie

Udgan : chamane de sexe féminin

Urtiin duu : chant long et sacré

Urtz : tipi, tente de forme conique, moins large et plus haute qu'une *ger*

Yourte : tente de forme circulaire, plus large et moins haute qu'un tipi

Remerciement

À Michka Seeliger-Chatelain, éditrice et proche de toujours, entre autres pour ses inestimables relectures inspirées et inspirantes.

À propos de l'auteur

Tigran est visité dès son enfance par des expériences extraordinaires. Rêves lucides, extases spontanées et clairaudience peuplent d'emblée ses jeunes années.

Touché par les arts sacrés comme par les plantes enseignantes, il étudie le chant classique et l'ethnomusicologie avant de publier ses premiers livres et de voyager de par le monde.

Après avoir œuvré pendant vingt ans comme éditeur dans le champ de la nature et des spiritualités, il signe son retour aux plaisirs de la plume avec la saga *Shaman*.

PLUS D'INFOS SUR L'AUTEUR

SOMMAIRE

ANNEXES

CHEZ LE MÊME ÉDITEUR

COLLECTION CHAMANISMES
LES CLASSIQUES D'AUJOURD'HUI ET DE DEMAIN

Au-delà du tambour
Lettres à mes esprits alliés
Brigitte Pietrzak
(Préface d'Agnès Stevenin)

La chamane Brigitte Pietrzak interroge ses esprits sur le chamanisme et le sens de la vie : des questions spirituelles et existentielles, intimes et universelles.

Voyages chamaniques & Rencontres remarquables
Brigitte Pietrzak
(Préface de Lilou Macé)

L'autrice raconte les moments forts de son apprentissage auprès de ses alliés du monde invisible et nous révèle les précieux enseignements reçus.

Ciel blanc, Ciel noir
Une initiation au chamanisme mongol
Brigitte Pietrzak
(Préface d'Audrey Fella)

Une chamane française remonte aux sources du chamanisme mongol. Quand magie rime avec lucidité, et pouvoir avec clarté.

Chamanes célestes
Rencontres avec les grands guérisseurs de Mongolie
Kevin Turner
(Préface de Laurent Huguelit)

Initiations, actes magiques, secrets révélés – les chamanes de Mongolie se livrent à Kevin Turner. Une aventure dont la portée spirituelle changera votre vision du monde. (Prix du meilleur livre chamanique.)

Femmes chamanes

Rencontres initiatiques
Audrey Fella

Une immersion éclairante au cœur du chamanisme féminin et occidental d'aujourd'hui.
Avec Maud Séjournant, Claire Barré, Lorenza Garcia, Myriam Beaugendre, Brigitte Pietrzak et Sandra Ingerman.
(Prix ALEF des Libraires Mieux-être et Spiritualité.)

Fusion

Bouddhisme & chamanisme, un cœur à cœur spirituel
Laurent Huguelit
(Illustrations d'Angéline Bichon)

Lâcher-prise, acceptation et bienveillance - telles sont les intentions du voyage dans lequel nous emmène cet ouvrage qui allie théorie, pratique, et poésie. Bienvenue au cœur de la nature profonde...

Mère

L'Enseignement spirituel de la forêt amazonienne
Laurent Huguelit
(Préface de Matthieu Ricard,
illustrations d'Angéline Bichon)

« J'ai des choses à dire à mes enfants... » Invité par la forêt amazonienne à lui prêter sa plume, Laurent Huguelit nous fait découvrir l'enseignement de ce grand esprit que les peuplades indigènes appellent « Madre » - la Mère.

Les Huit Circuits de conscience

Chamanisme cybernétique & pouvoir créateur
Laurent Huguelit
(Préface d'Ervin Laszlo)

Défrichant le futur, Laurent Huguelit nous fait découvrir une cartographie de la psyché qui offre un outil précieux pour un monde en pleine transformation. Un livre audacieux et d'une grande clarté, qui marie chamanisme traditionnel, psychologie et channeling.

Le Chamane & le Psy

Un dialogue entre deux mondes
Laurent Huguelit, Dr Olivier Chambon
(Préface de Michael Harner)

Réalité des esprits, plantes rituelles, substances psychédéliques, vie après la mort, rapports entre chamanismes et psychothérapies sont au cœur de cette conversation éclairante. Un dialogue d'avant-garde.

Caverne et Cosmos

Rencontres chamaniques avec une autre réalité
Michael Harner (Préface de Laurent Huguelit)

Trente ans après son grand classique *La Voie du chamane*, Michael Harner nous livre *Caverne et Cosmos*, un livre déjà culte. Incontournable pour tous ceux qui s'intéressent au chamanisme, mais aussi à la spiritualité, aux expériences de mort imminente, à la conscience ou encore au channeling.

La Voie du chamane

Un manuel de pouvoir & de guérison
Michael Harner
(Préface de Laurent Huguelit)

Un manuel irremplaçable qui permet de comprendre et de pratiquer la transe chamanique sans plantes, avec pour seule aide un tambour. Une référence mondiale, entièrement mise à jour par Laurent Huguelit, auteur des *Huit Circuits de conscience*.

Deux Plantes enseignantes

Le Tabac & l'Ayahuasca
Jeremy Narby, Rafael Chanchari Pizuri

Deux éclairages visionnaires et complémentaires sur les « plantes maîtresses ».

LES INITIATIQUES
DES HISTOIRES POUR S'OUVRIR AUX MONDES INVISIBLES

Shaman, L'Aventure mongole
Tome 1 - La Quête
Tigran (Préface de Claire Barré)

La Quête est le récit d'un jeune Français parti s'initier au chamanisme en Mongolie.
Une aventure spirituelle et amoureuse parsemée d'épreuves, à cheval entre deux mondes... pour que la flamme soit ravivée et le feu partagé.

Shaman, L'Aventure mongole
Tome 2 - La Vision
Tigran (Préface de Laurent Huguelit)

La Vision est la poursuite d'une transmission qui se déploie au cœur d'un récit mystique et passionné ponctué d'obstacles, à la lisière de l'invisible... pour que la connaissance soit sauvegardée et sa portée révélée.

Shaman, L'Aventure mongole
Tome 3 - L'Appel
Tigran (Préface de Priscilla Telmon)

L'Appel est l'accomplissement d'une quête ésotérique et charnelle au centre d'une passation de savoirs entre plusieurs dimensions... pour que la magie soit déployée et ses pouvoirs maîtrisés.

Shaman, L'Aventure amérindienne
Tome 4 - Le Chemin

Tigran (Préface de Lorenza Garcia)

Le Chemin est le récit d'un Français, passionnément amoureux, qui voyage de la Mongolie à l'Arizona. Ce conte initiatique donne vie aux enseignements d'illustres femmes et hommes-médecines. Une transmission de savoirs sur trois générations, ponctuée de révélations... pour que la vision soit reçue et la voie partagée.

Shaman, L'Aventure amérindienne
Tome 5 - Les Cieux

Tigran (Préface d'Audrey Fella)

Les Cieux relate l'aventure amoureuse et spirituelle d'un Français qui voyage entre les mondes visibles et invisibles. Ce conte initiatique diffuse les lumières d'illustres femmes et hommes-médecines. Une quête semée d'embûches et une passation de pouvoirs dans la magie d'une nuit noire... pour que l'étincelle soit transmise et le feu ravivé.

Shaman, L'Aventure amérindienne
Tome 6 - Le Tigre & le Jaguar

Tigran

Le Tigre & le Jaguar dévoile la quête d'un Français entre les dimensions réelles et surnaturelles. Ce conte, porté par une histoire d'amour inspirante, révèle les pratiques d'illustres guérisseurs d'Asie et d'Amérique. Un éveil mystique sur trois générations de femmes-médecines, parsemé d'épreuves initiatiques... pour que la voix soit entendue et son message incarné.

SHAMAN, TOME I

La Quête

« Tsenek me regarde stupéfait. La foudre m'a frôlé, et il sait. L'orage est passé, mais le vent souffle encore sur la steppe illuminée par le retour du soleil. Un éclair a frappé. Tsenek sait ce que cela signifie. La désignation. La guérison. La charge aussi. Et parfois le fardeau. »

SHAMAN, TOME II

La Vision

« "Et si l'infiniment petit était plus riche que l'infiniment grand ?" me demande la chamane. "Après tout, ne s'agit-il pas de chercher ce qui est déjà au cœur, en soi plutôt qu'à l'extérieur ?"
Ce sont les derniers mots que prononce ce soir Otharjanat la guérisseuse, avant d'enfiler la coiffe rituelle que je viens de lui tendre. Puis elle commence à battre du tambour, prête à ouvrir la porte entre les mondes. »

SHAMAN, TOME III

L'Appel

« Plusieurs mois sont passés depuis que j'ai appris qui tu étais vraiment. Tu es assoupie près de moi. Hilga. Ma jeune compagne de cette vie, qui nous a donné Seta. Toi qui es aussi mon alliée dans l'au-delà, et me transmets les trésors de ton âme au cœur de la nuit.
Ta peau contre moi. Ta chair pleine de chaleur et tes cheveux défaits. Ta douceur et ton souffle. Ta fougue et ton abandon. La mère de notre fille et, en mon esprit, la voix de l'au-delà. L'aimée en cette vie-ci, et la vénérable en d'autres lieux. Unique et double à la fois. Mais toi, tu ne le sais pas… »

SHAMAN, TOME IV

Le Chemin

« La voie est devant moi, suspendue dans les airs. Une immense ligne droite qui semble léviter à des milliers de mètres au-dessus de la Terre, et qui se perd à l'infini dans les noirs lointains du système solaire. Je baisse la tête et regarde à mes pieds. Le chemin mesure à peine un mètre de large. Pas la place d'en dévier.
Quelque chose m'inquiète, comme la peur de me perdre ou de tomber dans un puits sans fond. Je fais mine de me retourner pour comprendre d'où je viens, voir si je peux y revenir, mais je suis pris d'un vertige et me sens tournebouler intérieurement. Le message est clair : ne pas regarder en arrière. »

SHAMAN, TOME V

Les Cieux

« En fait, il n'y a pas quatre éléments, mais huit. Et après la terre, l'eau, le feu et l'air, il y a les quatre éléments majeurs : l'espace, que l'on appelle également l'éther ; la force, que tes amis d'Asie nomment le Chi*; la conscience, que l'on appelle aussi l'esprit ; et l'amour, que l'on nomme parfois la Source. Nous n'avons plus le temps de tergiverser. C'est donc ceux-là que nous sommes venus partager. »*

SHAMAN, TOME VI

Le Tigre & le Jaguar

« Il est caché quelque part, tapi sous les branches basses de grands arbres sombres. Lui. Le félin. Le grand tigre des neiges de Sibérie au regard fauve, à la robe blanche, grise et noire. Il l'observe sans bouger. Elle. La chamane. Celle qui a élu cette clairière pour y allumer un feu en l'honneur du solstice et invoquer les esprits de la steppe en ce premier jour d'hiver, sacre de renaissance de la lumière. »

Première édition originale, quatrième tirage

Photographie de couverture © Hamid Sardar
Portrait de l'auteur : Michèle Bloch-Stuckens
Conception graphique : Philippe Fourquet

Achevé d'imprimer en octobre 2023
sur les presses de Printcorp (Europe)
pour le compte de Mama Éditions.

ISBN 978-2-84594-419-0
Dépôt légal mars 2022
N° d'imprimeur 23080301

L'imprimerie Printcorp est titulaire du label :

La Clairière des LIVRES

Pour chaque titre d'un livre imprimé, un arbre est planté dans une forêt de 15 hectares en Centre Bretagne.

www.typolibris.fr (by Printcorp)